心の物語と現代の課題
●心理臨床における対象理解

後藤秀爾 著 Shuji Goto

Narratives of
Issues Confronting
the Contemporary
Mind

ナカニシヤ出版

まえがき

　私の専門領域は子どもの心理臨床である。その仕事の性質上，保育園で発達障害の子どもたちについての相談を受けることが多い。高機能自閉症と言われる子どもたちともよく出会う。

　シンゴ（仮名）とは，数年前に保育園へ出かけて行った時に出会った。5歳児にしては身体も大きく，エネルギッシュに園庭を走り回っていた。一方の手に捕虫網を握りしめ，もう片方の手には虫籠を無造作にぶら下げていた。担任の保育者の話では，夏場に入ってからは一日中，このように蝉を追い掛け回していて保育室にはまったく入ろうとしないとのことであった。他の子どもたちが朝の会に呼ばれて園庭からいなくなっても，シンゴは一人，蝉の鳴き声を追っていた。捕まえた蝉たちは，時々思い出したようにジージーと鳴いていた。二人になったところで，「見せてよ」と，私は声をかけた。比較的抵抗なく近寄ってきて，シンゴは籠の中を見せてくれた。「アブラ蝉ばっかり？」と聞くと「クマ蝉もいる」と，シンゴが答えた。「蝉がうるさいから，静かになるまで全部捕っちゃうつもり？」と，私は聞いた。感覚過敏の自閉症の子は，過剰刺激を回避するため部屋にいられないことが多い。私の問いかけに，シンゴが黙って小さくうなずいた。私は言葉を続けた。「部屋の中がうるさいから外にいるのに，外もうるさいと嫌だよね」と。しばらくその言葉を吟味しているようだったが，やがて「オジサン，大人じゃないみたい」とつぶやくように言った。私は，この意外な感想が気に入った。「大人は，子どもの気持ちが分からないから」と，私はその続きを言葉にしてみた。「オジサン，子どもみたい。いい人だね」と，彼は大人びた口調で言った。「ねえ，蝉がフリーダムって鳴いてるよ」と，私。「なに？」と彼。「キミと一緒。もっと広いところで好きなことして遊びたいって」と私。彼は，ただ「ふうん」と言っただけで，また蝉を追って行った。有り余るエネルギーを彼もまた保育者や母親がそうであるように持て余し，自分が母親を好きであるのと同じように母親にも自分を好きでいて欲

しい，という気持ちが，真っ直ぐには分かってもらえないことで，寂しい思いを抱えていることがよく分かった。母親は多分，この子の気持ちがつかめずに困惑していることだろう。この子の思いを母親に伝えることが，この後の仕事になった。

　タクミ（仮名）とは，3歳の頃に保育園で出会い，3年間の経過を見ていた。卒園間近の2月に会った時には，保育室から外れてベランダに一人でいた。菓子箱をガムテープでつないで自作したと思われる車を大事そうに動かしていた。ナンバーが，前面に大きく自筆で書かれていた。少々歪んでいたが，彼にしてはかなりの力作に思えた。形から判断して「四駆だね」と，私は声をかけた。彼は，こちらを見ることもなくその四輪駆動車の種類を教えてくれた。「タクミくんのお気に入り」と言ってみると，「パパの」と答えた。彼が，覚えたばかりの数字を組み合わせて一所懸命に書いたのは，父親の車のナンバーであった。今の彼は，パパの車になり切っている。こうした"なり切りキャラクター"とでも言うべき没頭できる対象のある子は，そのことを確認されることで集団の中に居場所を確保できる。「あの部屋，うるさいね」と，私は話題を変えた。「子どもたちはうるさいんだよね」と，彼はしかめ面をしてしみじみとした口調で言った。彼もまた聴覚過敏の子である。「タクミくんは，早く大人になって，パパみたいにママを守れるようになりたいんだ」と，言葉にしてみた。本当は自分が守られたいのに，とは，彼には伝えなかった。父親の転勤に伴って，遠くに転居することになっていた彼としては，この時期，就学問題で頭を悩ませ不安になっている母親のことが，気がかりであるように思えた。

　自閉症と言われる子どもであっても，本当はこんな自分になりたい，という思いを抱えている。分かってもらいたい人には，なかなかそれが分かってもらえない。どうすると分かってもらえるのかも分からない。たとえほんの一部でも，この思いが言葉にされた時に人は不安や葛藤が和らぎ，少しだけ人を信じられるようになる。子どもでも，大人でも，この心のケアの基本原理は変わらない。

　心理臨床の実践において，クライエントは常に目の前の相手である。大学生相手に講義をする場合，私のクライエントは目の前の受講生たちである。受講生たちの反応を探りながら，シンゴやタクミの時と同じように，キミたちの本

当になりたい自分はこんな物語にして語ることができるんじゃないか，と問いかける。そして，そうした理解に辿り着いた経緯を，臨床心理学の理論を用いて説明する。理解を深めるための知識の使い方を伝える。そのために言葉を尽くす。そうした積み重ねの途中経過が，この本である。

　読んでいただいた人たちが，ここに示した物語を自分専用のものに改めて書き直してもらえるとよい，と思っている。続きを書くのは自分自身である。自分の問題意識で学ぶ学び方を知り，学び続けることの大切さにも気づいてもらいたいと願っている。単なるテキストとしてではなく，そんな視点でこの本を読んでもらえたらありがたい。

目　次

まえがき　*i*

序　章　心が「治る」ということ・・・・・・・・・・・・・・1
1. 人は発達する　1
2. 統合的心理援助という発想　3
3. Doing と Being　4
4. 「かたること」と「きくこと」　5
5. 心の物語を紡ぐ　6
6. この本の狙いと構成　8
7. お薦めの参考文献　9

第1章　心の病理とその時代性—子ども・家庭・学校・社会—・・・11
1. 「時代の病理」という視点　11
2. 学校の病理と社会の病理の推移　16
3. 現状と今後の課題　27

第2章　現代の思春期課題
—『千と千尋の神隠し』における大人へのナラティヴ—・・37
1. 『千と千尋の神隠し』はなぜ大ヒットしたか　37
2. 思春期の対象喪失とモーニングワーク　41
3. 千尋が覗いた大人の社会　44
4. 大人になれなかったものたち　45
5. 子どもの心を育てるもの　48
6. 大人になるということ　52

第 3 章　心の傷の癒され方
―『ハリー・ポッター』とトラウマの時代―・・・・・・・57
1. 社会現象としての『ハリー・ポッター』　57
2. この物語の構成　58
3. ハリーの体験する世界　62
4. トラウマケアのよりどころ　65
5. 「影」との向き合い方　69

第 4 章　親になるという物語の喪失
―児童虐待加害親の心理と世代間伝達―・・・・・・・・・73
1. 児童虐待の現状　73
2. 赤ちゃん部屋のゴースト―0 歳児に対する発作的暴力―　80
3. 葛藤の世代間伝達―両親の共同作業による身体暴力とネグレクト―　83
4. 母と子に向ける前エディプス葛藤―母親の同居男性による幼児への身体暴力―　87
5. 親になるという物語　92

第 5 章　心の物語の時代性と普遍性
―宮﨑吾朗の『ゲド戦記』とアースシーの物語―・・・・・101
1. アニメ『ゲド戦記』をめぐる評価　101
2. 宮﨑吾朗の描く『ゲド戦記』　103
3. 『シュナの旅』と宮﨑吾朗の父親殺し　107
4. 父親殺しと解離性障害　109
5. 原作のストーリィとその世界観　112
6. 原作の背景をなす世界観　121
7. 宮﨑吾朗の残された課題　123

第6章　世代をつなぐ物語——事例報告として読む『西の魔女が死んだ』—— ・・・・・127

1. エヴィデンスとナラティヴについて　127
2. 小説としての『西の魔女が死んだ』　129
3. 事例報告としての『西の魔女が死んだ』　131
4. 事例として読み解くための課題設定　132
5. まいの思春期課題　135
6. 家族再構築のための課題　136
7. 親子三世代に共有される課題　137
8. おばあちゃんの魔法　138
9. 事例理解における初学者の課題　140
10. 対象理解の目を磨く　143

終　章　次の時代への物語・・・・・・・・・・・・・・・147

1. 物語ることの物語　147
2. シンプルに生きる　148
3. 絆をテーマに物語を紡ぐ　149

初出一覧　151
索　引　153

序 章

心が「治る」ということ

1. 人は発達する

　この本は，心理臨床の初学者に向けて，テキストないしはサブテキストとして読まれることを想定し，人間理解のための基本を伝えようとするものである。心理面接や心理カウンセリングと呼ばれる営みによって，人の心はどのように癒され，育てられるのか，その原理を理解してもらいたい，という思いから上梓する書である。

　心理臨床の事例をそのまま授業で紹介するわけにはいかないが，事例を通してでないと伝わりにくいものがある。事例に代わるものとして，心の課題を適切に反映する物語を使うことは，有効な方法である。場合によっては，実際の事例よりも本質が明確になり，説得力があったりする。

　そこで，これまで大学の心理学部の学生たちに講義してきた内容を，改めて整理してみた。心理臨床の本質は，面接のテクニックや他人を操作する方法論にあるのではなく，傷つき悩みながら生きてゆこうとする人間の心に寄り添い見守り続ける，という視点の置き方にある。そうした，心理臨床実践における対象理解の目を学ぶ学問体系としての臨床心理学の，本質の一端を伝えたいと思う。

　臨床心理学の理論と方法論に立脚して行なう心理臨床の実践の場の基本構造は，心の課題を抱えて相談に来るクライエントと，高度な専門性をもってその訴えと向き合うカウンセラー，あるいはもう少し広い概念で言えばセラピストとの，二者関係である。クライエントのもちこむ最初の訴えは，「主訴」と言われ，表面化した症状や問題行動が起点となっている。いわば心理面接の入場券

である。クライエントが期待する「治る」ということは，この主訴にある「問題」の解消あるいは緩和である。

　精神医学に端を発して，心理学に研究の方法論の基盤を置く臨床心理学が，精神医学と一線を画するのは，この「治る」を実現する目標としての治癒モデルの違いにある。単純化して整理すれば，心理臨床の直接の狙いは，症状除去ではなく，症状の背後にある心の課題と向き合ってそれを抱えることのできる状態の実現にある。症状の解消や緩和は，その結果である。すべての人の心はどんな時でもつねに，経験を糧にして育ちゆくものであるという「発達モデル」が，基盤である。

　その心の営みを支えるための方法論の基本は，人と人とのかかわりあいの体験を活用する「関係性モデル」である。セラピストとしての自分自身との関係性を軸として，クライエントを取り巻く人間関係を視野に入れて，それらを心の発達の糧として活用するための道筋を模索する。

　例を挙げるなら，不登校の子どもが親に連れられて来談した時に，まず理解しようとすることは，その子の不登校の意味である。その「問題の行動」が投げかけている，言葉になりきらないで行動化されている真のメッセージを知ろうとすることである。両親の不仲に反応して不安が高まっているならば，その子は，家を守るには学校へ行っているどころではない，と感じているのかも知れない。本人の話を聞くうちに，それが意識され言葉になって発信された時に，その悩みは症状化されずとも抱えられるようになる。両親に伝えられて受け止められれば，それが家族関係再構築の転換点を作ることになる。

　また他の例を挙げれば，寝たきりの重度の心身障害児の場合，その障害自体を治すことはできない。しかし，まず両親や家族にとっては必要不可欠の一員である，という実感が，周りの人たちによって共有された時，その子の存在の意味が生まれることになる。「この子がいてくれるおかげで家族が一つになることができた」と語る親たちと，多く出会ってきた。それは，子どものちょっとした動作や表情の変化が，周りの様子に反応した，人とのかかわりを求める心の発露であり，僅かずつでも発達している姿を見出して，周りの人たちと共有する体験ができた時に，生まれてくる言葉である。その時，心理臨床の仕事は，子どもの反応の意味を掘り起こして共有すべく，周りに伝えることにある。

その子の反応の生成や発達する姿を喜ぶ気分が，周りの人たちの間に確立された時の子どもは，穏やかで幸せそうである。親もきょうだいも，セラピストも，同じように幸せなひと時を体験することになる。

2. 統合的心理援助という発想

　今，わが国の心理臨床の世界のオピニオンリーダーと呼ぶに相応しい一人に村瀬嘉代子がいる。村瀬の考え方は，統合的心理援助という概念で表される。その著書も数多くある。その村瀬が提唱する「統合」という言葉の意味合いは多様である。それは，心理臨床の理論的な立場の多様性を反映する，という側面がある。来談者中心療法，精神分析や分析心理学，関係療法，行動療法などが，主なところであるが，細かく分けていけば，心理臨床家の数だけの理論がある，とも言われている。

　セラピストはそれぞれに拠り所になる理論や技法をもってはいるが，実際の心理臨床場面では，クライエントの状態像や置かれた状況，ニーズの違いや，面接過程における局面の推移によって，さまざまな理論や技法を使い分け，その場でより適切な理解の切り口や現実的な対処方法を選び取っているものである。そうした実情を踏まえたうえで，単なる折衷に終わらせないための筋の通し方を，村瀬は示していると受け止められる。

　この「統合」の問題に関連して，2011年に福岡で行なわれた心理臨床学会の目玉となった対談がある。学界の重鎮である成瀬悟策と，精神分析の大御所と言える神田橋條治によってなされた対談は，そのテーマが，心理臨床における「統合」についてである。心理面接において重要な理解の手がかりである自己表現様式は，「身体」と「言葉」を両極において考えることができる。心理臨床の実践を統合するには，「身体」に優位性を置くような視点が必要である，という趣旨で対談は展開していた。その議論は刺激的で，私の中にさまざまな連想を生み出してくれた。

　身体の側により近い表現としては，自我の統制を外れた表出や噴出，漏出などを含めて，姿勢や動作，身体症状，アクティングアウト，ジェスチュア，ダンス，パントマイムと，さまざまなものが挙げられる。それらの表現形と，言

葉による表現との中間には，多分，イメージが置かれる。また，言葉にも，伝えたい内容が的確に乗せられた言葉と，本当に伝えたいものから離れていく言葉とは，区別される必要があるし，単語による表現と，ストーリィとして語られたものとは，心の発達の転機としての意味合いが違ってくる。

真の統合を論ずるためには，先の対談で示唆された視点から，より体系的にこうした表出・表現形が整理される必要があるのだろうと思う。

3. Doing と Being

わが国の心理臨床の世界で最大の巨星であった河合隼雄が亡くなったのは，文化庁長官在職中の 2007 年 7 月 19 日である。亡くなった後にも残り続ける数多くの河合語録は，心理臨床の実践の場で共有される指針でもある。

その最も有名なものが，心理面接とは「全力を尽くして何もしないでいること」という教えである。わが国の臨床心理士で知らぬ者のいない，名言である。初心者は，これを技法についての警句だと解釈し，熟達するにつれ，クライエント理解を深めるために研鑽せよ，という自戒の言葉であることに気づいていく。

また，河合が冗談のように何度か語っていた，これも有名なエピソードで，アメリカでプロのカウンセラーに必要な三つの言葉，という話がある。第一が，"It's difficult（難しいですねえ）"である。クライエントの相談内容に対してまず，この言葉を伝える。第二が，"I don't know（分かりません）"で，クライエントに「先生，どうしたらよいのでしょう」と問われて答える時に使う。そのうえで，第三の言葉，"Please, pay the fee（料金をお支払いください）"を，伝える。この三つの言葉を，本気になって伝えることが大事なのだと，よく語られていた。

先述の村瀬も，同じような趣旨かと受け止められるエピソードを述べている。アメリカへの留学時代に師事した，精神分析家として名高い恩師の言葉として，"Never analyze, try to understand（分析するのではなく，理解することが大切なのです）"を，紹介している。心理臨床実践の本質は，いかに正しく，いかに多角で，いかに深く，クライエントを理解するかということにある。多くの

先人の教えは，ここに行き着くように思われる。

　それは，クライエントに対するセラピストの姿勢として，Doing（クライエントのために何かをすること）ではなく，Being（ただその人の傍らに居続けること）にこそ意味があるという教えである。セラピスト自身が，ただその人の隣に寄り添っているだけのことにこそ，大切な意味があることを正しく理解していなければ，クライエントもまた，自分が今ここで生きていることの意味を見失う。人は生きる意味を自分のなかで確認できないことで，悩んだり苦しんだりする心をもっている。人とかかわって生きるなかでその意味はおのずと作られ，自分のことを居てくれてよかったと思ってくれる人と出会うことで，人の心は癒されていく。そうした，人の心の本質に気づくための仕掛けとして，これら先人の言葉たちがあるものと受け止めたい。

4.「かたること」と「きくこと」

　クライエントが「かたり」，セラピストが「きく」という関係性が，心理面接の基本と理解されがちであるが，順序から言うと「きく」方が先である。きき手のきき方がまず重要であって，かたり手のかたりの深さは，それによって決まってくる。

　「きく」を漢字表記すると，「聞く」が最も一般的で，きく行為全般に使われる。また，狭い意味では，発信されたメッセージを受信する行為を指すこともある。「聴く」は，それよりも能動的な行為である。「訊く」は積極的に質問して問いただす行為になる。「利く」は，香りや味を判別する時などに使われる，聴覚以外の感覚を機能させる行為となる。「効く」は，内的体験内容の変容を意味するもので，単なる情報伝達の受け手としてではなく，体験の共有者となることを意味している。カウンセリングの基本姿勢とされる「共感」は，こうした深い水準で「効く」行為の実現を求める概念であると言ってよい。

　こうしたきき方の深化に伴って，発信する側の発信の仕方も深化する。言葉を撒き散らすだけの「喋る」。一方的に情報発信する，「放つ」から意味が派生したとされる「話す」。情緒的な体験を不特定多数に伝達して「訴う」行為を表す「歌う・謳う」。「騙る」と語源は同じであり，自分の思いを相手に移し替え，

いわば感染させる行為となる「語る」。こうしたクライエントの発信の仕方が深化するにつれて，本当に伝えたかった言葉と，伝えたかった相手が，明確になっていく。

　本当に伝えたい言葉が，自分のなかで拡散したり，歪められたり，しまいこまれて忘れられたりしている時に，出口を求めてさまよう言葉たちは，心に溜め込まれて変質し，身体症状化されたり，不適切に行動化されたりする。それが，広い意味で，心の病理となる。言葉にならない，無意識の裡に表出される「ことば」に目を向け，光を当て，自分の身の内を通して「効く」ことによって，「言葉」へと高めていく作業が，心理面接であるとも言える。「言葉」にすることを急ぎ過ぎると，クライエントの心に届かない。ピントが外れていれば拒絶される。タイミングを逃せば，いつまでも進展していかない。行き着く先を見据えていなければ，面接過程が安定せずに漂ってしまう。「ただきくだけ」の作業に高度な専門性が要請される所以が，ここにある。

　ある程度の研鑽を積めば，初期の心理アセスメントによって，おおよその到達点は予想できる。クライエントの現実吟味能力や，基本的な発達課題の内容は，病理水準を推定する手がかりになるし，そこで使われる言葉の端々や，言葉以外に発信している多様なメッセージからは，そこで求められている体験内容が絞り込める。それらを，クライエント自身の言葉として紡ぎ出すための手がかりとしながら，クライエントの傍らに寄り添い，支えて見守ることに専念する。セラピストの的確で深い理解の眼差しが，クライエントも納得できるような深いうなずきを導いてくれる。深いうなずきをもって受け止められた言葉は，クライエントにとって，自分自身の心からの言葉であると，確信できるものになる。

5．心の物語を紡ぐ

　臨床心理士資格認定協会の20周年記念式典の挨拶のなかで，自他ともに認める河合隼雄の盟友で，協会専務理事の大塚義孝が，心理臨床の近年のトレンドは，「ナラティヴ」と「エヴィデンス」であることを指摘している。これらの言葉は，最近になって注目されてきた「ナラティヴ・セラピー」や「エヴィ

デンス・ベースト・メディスン」の用語には限定されず，より大きな広がりをもって使われるようになっている。大塚の指摘は，わが国の心理臨床の業界全体に拡がるそのような空気を，一言で整理したものと言ってよい。

　人の心の育ちを無意識のうちに導くストーリィを，ナラティヴと呼ぶ。すなわち「物語」である。自分の心が真に求める物語を，自分の言葉で紡ぎ出すことができた時に，人の心は，自分自身の生き方を取り戻すことができる。それが心理面接の目標とする到達点とも言える。

　そのためには，クライエント自身の気づきを積み重ねた言葉によって，クライエント自身の物語として語られなくては意味をもたない。セラピストの側のナラティヴで語られることのないよう，細心の注意を払わねばならない。クライエントとセラピストの言葉が融合し，内的体験が一体化した状態で，この区別をつけることは，実際にはかなり難しい。セラピストの言葉が，いつの間にかクライエント自身の言葉として取り込まれていたり，逆に，クライエントの側の不都合な体験がセラピストのものにすり替わっていたりして，明確に区別できない，もしくは区別しないほうがよい，その必要がない，ということも往々にして起こってくる。

　しかし，物語が，セラピストの一方的な主観によって導かれる時に，面接過程は道に迷うがごとく漂ってしまう。クライエント自身の体験に基づかないナラティヴは，中身が空疎になるからである。クライエントの発信するエヴィデンスに基づいて，クライエント自身のナラティヴに導かれる体験を求める，ということは，直接表現された言葉の周辺に注意を向けることによって可能になる。言葉の語義に捉われることなく，その語られ方が重要なことも多い。その日に着てきた服装や，その時の持ち物，動作や仕草，表情，面接前後の立ち話，セラピストへのプレゼント，同伴者や送迎者，遅刻やキャンセル，怪我や病気，そのほか面接場面外で起こるさまざまなハプニングなどは，一つひとつは偶然の出来事のように見えても，つなぎ合わすと一定の方向性をもって意味を示しているものである。細かな事実を大切に拾い集めて，広い視点で見直すと，クライエントのナラティヴのアウトラインが見えてくる。それをセラピスト自身の言葉によって確認しておくことが大事である。物語の到達点を示唆するアウトラインを見失わなければ，セラピストはクライエントに寄り添い続けること

ができる。諦めなければ，いつかはその物語に行き着くことができる。時間が足りない場合には，現実的な判断と折り合いを付けなくてはならないこともあるが，進むべき方向を示すことはできる。

　この原理は，すべてのクライエントに共通である。病理の重い人や子どもの場合も同じである。言葉の代わりに，イメージや遊びなどの表現媒体を使う点で違っているに過ぎない。ただ，そうした場合には，ストーリィがバラバラに断片化していることが多い。断片的なイメージを拾い集め，求める体験を面接場面の語りによって実現することを狙う。クライエントのなかで，少しでも求める体験に近づけるという感触が生まれたならば，それだけでも手がかりができる。

　心理臨床の実践において「治る」ということは，こうして「なりたい自分」を確認し，「なりうる自分」を作ることにある。それは，一人ひとり違っていて，独自で一回限りの人生を歩む道筋を，自分で切り拓く勇気を自分のなかに掘り起こす作業である。セラピストの諦めない気持ちがそれを支えることになる。

6. この本の狙いと構成

　自分が自分であり続けること，あるいは自分になっていくことには，自分の言葉で語る物語の生成が必要である。そうした「自分自身の物語」は，最初から自分の言葉で語られることが期待できるわけではない。あいまいなイメージであったり，言葉の断片であったり，身体の感覚であったりする。そうした言葉の断片や，言葉以前のことばなどを，拾い集めてつなぎ合わせ，足りないところを付け加えては見直しながら，一つの物語として紡ぎ出していく作業が，心理臨床の実践である。それは，最終的には個別性の高い，一回限りで独自の人生を紡ぎ出す作業ではあるのだが，織物にもいくつかの基本的なパターンがあるように，人の人生物語にも，多くの人たちに共有されるパターンが想定できる。

　多くの人たちに読み継がれる物語が，その代表的なものであるが，ある時代，ある社会に流行するイメージや物語にも，その社会を生きる人たちが共通に求める物語があるように思われる。そうした現代に流行の物語に目を向けて，そ

こに生きる私たち自身の心の物語をいくつかの視点から集めてみよう，というのが，この書の狙いである。

　第1章に，戦後のわが国の時代特性と，その流れを概観し，その後に取り上げる物語の位置づけを論じている。第2章以下は，物語の各論であるが，時代を反映する一過的なものと，その奥に求められている普遍的なものと，その両面を見ていこうと試みている。私自身は，とくに精神分析や分析心理学を専門とするものではないが，心理臨床の現場で出会う若者たちの取り組もうとする心の課題を念頭に置いて考えている。私のなかではつねに，素材とした物語と実際の面接事例との両方のイメージが動いている。そうすることによって，生きた人間の心の物語としてのリアリティが確保できるように心がけた。

　心の織りなす現象を理解する切り口は一つではない。それぞれの物語についての解釈は，ここに示されるもの以外にもいろいろ可能であるし，同じ物語でもセラピストが違えば，またまったく違った物語になるものであるが，とりあえず一つのサンプルとして，私の心理臨床実践においてクライエントの抱える心の課題を理解する切り口を提示することにしたい。その理解がクライエントに受け入れられて，「自分のことがよりよく理解できた」という体験に進展した時に，それが正解であったと確認できる。答えはつねに，目の前のクライエントのなかにある。読んでいただいた方たちが，まず自分自身の物語の一つに気づくきっかけにしていただけると嬉しい限りである。

7. お薦めの参考文献

　読んでみて，もう少し深く知りたいと感じた人のために，まず手始めに取り組んでもらいたい入門書的参考文献を以下に挙げる。この本に書かれた内容を，より正確に理解していただくための手がかりともなる。本文中に引用した文献と併せて，さらなる自己研鑽につないでいただけるとよいかと思い，まず冒頭に挙げさせていただいた。

【フロイト（Freud, S.）の精神分析に関するもの】
小此木啓吾　2002　『フロイト思想のキーワード』　講談社現代新書

序　章　心が「治る」ということ

小此木啓吾・北山　修（編）　2001　『阿闍世コンプレックス』　創元社
フロイト, S.（高橋義孝訳）　1969　『夢判断　上・下』　新潮文庫
フロイト, S.（高橋義孝・下坂幸三訳）　1977　『精神分析入門　上・下』　新潮文庫

【ユング（Jung, C. G.）の分析心理学に関するもの】
ユング, C. G.（林　道義訳）　1999　『元型論』［増補改訂版］　紀伊國屋書店
秋山さと子　1978　『ユング心理学からみた子どもの深層』　海鳴社
河合隼雄　1976　『影の現象学』　思索社
河合隼雄　1982　『昔話と日本人の心』　岩波書店
河合隼雄　1996　『物語と不思議』　岩波書店

【精神分析全般にかかわるもの】
土居健郎　1971　『甘えの構造』　弘文堂
ハナ・グリーン（佐伯わか子・笠原　嘉訳）　1971　『分裂病の少女 デボラの世界』　みすず書房
ウィニコット, D. W.（北山　修監訳）　1989　『抱えることと解釈―精神分析治療の記録―』　岩崎学術出版社
エリクソン, E. H.（仁科弥生訳）　1977　『幼児期と社会 I・II』　みすず書房

【心理臨床全般にかかわるもの】
村瀬嘉代子・青木省三　2000　『心理臨床の基本』　金剛出版
村瀬嘉代子他著（滝川一廣・青木省三編）　2006　『心理臨床という営み―生きるということと病むということ―』　金剛出版
神田橋條治　2004　『発想の航跡2―神田橋條治著作集―』　岩崎学術出版社

【その他】
竹内敏晴　1988　『ことばが劈（ひら）かれるとき』　筑摩書房
林　竹二・竹内敏晴　2003　『からだ＝魂のドラマ―「生きる力」がめざめるために―』　藤原書店
羽鳥　操　1997　『野口体操　感覚こそ力』　柏樹社
岡野玲子作画（夢枕　獏原作）　1999〜2005　『陰陽師　1〜13』　白泉社
岡崎照男訳　1981　『パパラギ　はじめて文明を見た南海の酋長ツイアビの演説集』　立風書房

第1章

心の病理とその時代性
―子ども・家庭・学校・社会―

1.「時代の病理」という視点

(1) 心の病理と時代性

　心の病理現象は，その時代と社会のあり方を反映している。とりわけ子どもの心の反応は敏感である。不適応状態に陥って心理相談に来る子どもたちの抱える心の課題の背後には，その時代の社会病理が隠されている。心理相談において，ともすれば表面化した症状や問題の行動に目を奪われることになりがちであるが，真に取り組むべき課題は，個人の病理を超えたところにある。「問題の行動を見て人を見ない」「個人を見て置かれた場を見ない」という姿勢は，問題の本質を見失わせる。この時代を生きる子どもたちの共通して抱える心の課題があり，私たち大人が，知らないうちに作り出してしまった社会の雰囲気がある。子どもの心に不適応感をもたらす，その時々の社会の気分を「時代の病理」と呼ぶならば，心理相談を受ける側も，その時その社会のなかを生きて，時代の雰囲気を当然のものとして受け入れているために，その病理性は自覚されないまま見過ごされることになる。

　こうした点への自覚は，心理相談を受ける立場の者にとって重要である。たとえて言えば，同じ不登校という症状をもっていても，時代の変遷とともに心の課題は大きく変わっているからである。不登校という症状は同じであっても，20年前とは背景病理が違っており，それはむしろ同時代の非行の子の病理性との共通部分の方がはるかに大きい，ということが起こってくる。

　そうした視点から，これまでに私は，話題となった映像作品を素材に使って，そこに反映される現代人の心の課題を論じてきた。子どもから若者にまたがる

年齢層が熱中し，話題になったテレビドラマやアニメ作品，コミックス，映画，小説などを，大学生相手の講義や一般向けの講演会などで取り上げ，その一部を論文にまとめてきた。目に留まる作品の数は少なくなかったが，社会現象になるほどの拡がりをもち，表現されている心の課題を絞り込むことができ，なおかつ解決に向かうストーリィが示されるものは，かなり限られてくる。多くの作品は，心の病理の断片を未整理のままの映像として投げかけているため，真に取り組むべき課題に行き着くことができない。そのなかでも，若者たちの心の現在状況と取り組むべき心の課題を説明する素材として，講義のなかで取り上げて，大学生の反応のよかった作品には次のようなものがある。

■ (2)『東京ラブ・ストーリー』から―三角関係のドラマ―

最初にこの着想を得たのは，1990年ごろにテレビの月9ドラマ（月曜の夜9時から放映された1時間ドラマ）として話題となり，「恋愛のバイブル」とも言われた『東京ラブ・ストーリー』である。二つの重なる三角関係の渦中で，迷い戸惑い傷つきながら大人になっていく青年期の心の課題を描いて秀逸であった。柴門ふみ原作のコミックス（小学館で1989年から連載）とテレビドラマ（1991年からテレビ放映）では，かなりのニュアンスの違いはあったが，人間関係の基本構造は同じである。ヒロインは，自分に正直で純粋であるがゆえにわがままと見られるほどに自己を主張する自己愛の強い，いわば境界型パーソナリティ障害の要素をもっており，その彼女に振り回される男性主人公は，他に好きな女性がいながらも彼女に魅かれつつ葛藤する，優しく受け身で自己決断を避けるという，今で言う草食系男子の走りである。その二人の関係を軸に，控えめで清楚で相手の気持ちを優先する，男性主人公の本命であるがつねに関係がすれ違ってしまう女性と，さらに，男性側のライバルとして，一見プレイボーイだが傷つきやすく，母性を求める気持ちの強さゆえに好きな女性を傷つける男性が絡んでくる。主人公の脇役の二人は，後述するが，いわば「ピーターパンとウェンディ」の関係であり，一時は結ばれるものの最終的には破綻していく。

この作品は，恋愛に集約される人間関係のあり方そのものが，時代の流れのなかで変質していく転換期のドラマと言うことができる。その後発展する青年

期の精神病理の典型的なパターンも，ここにそろっており，当時の青年期男女の抱える人間関係の葛藤が的確に描き出されている。ドラマの行き着く先は，自己内の葛藤を客観視し自覚して抱え続けることによって人は成長して大人になる，という青年期からの成熟の道筋を示したものである。類型的な結果ではあっても，その時，人間関係の葛藤に悩む青年にとっては，このストーリーを内在化することが，その課題を自覚して抱え続ける力になる。

　また，ほどなくして同じ月9ドラマで大ヒットした『ロング・バケーション』（1996年から放映）も，『東京ラブ・ストーリー』と同型の人間関係の構造で展開する恋愛ドラマである。そのため，この両者を，一年おきに講義の素材として使っていたのだが，その後，恋愛ドラマにこれほどのヒット作は出ていない。2000年を過ぎるころには，この二つのドラマも，受講する学生たちの共感を以前ほど生まなくなってきた。そのころには，学生たちの人間関係の悩み方も，質が変わっていることに気づかされた。つまり，一見すると同じように見える人間関係の悩みであっても，三角関係の葛藤を抱えることができず，二者間の葛藤が中心になるのである。三者関係のダイナミズムを説明するよりも，二者関係における「寒い日のヤマアラシのジレンマ」を解説するほうが，共感を生む。つまり，寂しくて一体化を求めて近すぎる関係になるとお互いの針で傷つけあう，という関係性である。その時，彼氏の方は彼女に理想の母を求め，彼女は彼氏に自分の全人生を預けようとする。互いに預けられた荷物の重さと，求める気持ちが強すぎて噴出する不満に耐え切れずに，二人の関係は破綻への道をたどる。視点を変えると，密着的な母子関係から離脱することが，男女を問わず，今の青年期の隠された心の課題の中核になってきたものと言える。

　それは，自我境界の失われた「ボーダーレス」という時代性を反映したものとも思われ，子どもたちが，大人になるための道筋として，別の種類のストーリィを必要とすることになったものと，当時，考えていた。それが何かは分からなかったが，『千と千尋の神隠し』や『ハリー・ポッター』シリーズが世界的な大ヒットになるのを目の当たりにして，次第に見えてきたことがあった。

■ (3)『千と千尋の神隠し』―大人になる道筋―

　次の章で取り上げる『千と千尋の神隠し』は，2001年に劇場公開された，宮

崎駿が監督したスタジオ・ジブリ制作のアニメ作品であり，予想以上の評判を呼び世界的な大ヒットとなった。この作品は，前思春期の子どもが大人になるきっかけを探すための心の旅を取り扱っており，「思春期モーニング」が主題である。つまり，子ども時代から脱却して大人の社会に足を踏み入れることへの抵抗感と，大人への道を探そうとする時に生じる葛藤とを主題とする，心の成長物語として理解することができる。

　この作品を素材にした講義は，今でも学生たちの反応がよい。この反応のよさは，どちらかというと大人になることを忌避する気分をもっているかのように見える若者たちのなかに，実は，納得できる自我理想の欠落や，子どもから大人になる道筋の見えない不安が潜在することを示しているように思われる。それだけに，大人になることの意味と道筋を求める思いは強く，それが，前思春期から青年期の幅広い年齢層にまたがる，今時の若者たちの共通課題となっているものと考えられる。

　それが多くのリピーターを呼び込み，今なお根強い人気を持続している理由でもあると思われる。ただ，その作品は，中学生から大学生までの女子に，とりわけ人気が高い。男子のなかには，女子の場合ほどの共感を呼びにくいように見える。男子の場合は，同じころから人気が上がり始めた，尾田栄一郎の漫画『ONE PIECE（ワン・ピース）』の方が，没頭しやすいようである。まだ講義では取り上げてはいないが，2012年現在で，コミックス版で66巻まで発行され，劇場公開作品は11作を超え，テレビ放映も続いている。アウトローの海賊でありながら，決して裏切らない友情と固い絆に結ばれた仲間たちとともに，夢を追い求めて未知の航海を続ける冒険物語は，私には，現代のピーターパン物語に見える。つまり，大人の権威や支配と戦う永遠の子どもの，大人への果てしない成長の物語として，その基本構造を理解することができる。これを心の発達を導く道筋を示す物語として捉え直した時に，子どもたちの現実的な大人への道筋と重なるかどうかは分からない。今の子どもたちにとって，主人公ルフィの生き方が見果てぬ夢であるならば，この物語は宝を探し続ける形で一応の終結を見る，ということになるものと予想できる。

■（4）『ハリー・ポッター』シリーズ―トラウマケア―

　この本の第3章では，イギリスの無名だった作家，ローリング（Rowling, J. K.）の書いたファンタジー小説『ハリー・ポッター』のシリーズを取り上げる。このシリーズは，1997年に第1巻が発表されるや，その後，瞬く間に世界的な大ヒットとなった作品である。基本的なテーマは，同胞葛藤を軸にしたトラウマケアのストーリィであると理解される。アメリカの9.11同時多発テロ以降，PTSD（心的トラウマの後遺障害）概念が，一種の流行語になる時代であったことも関連しているし，わが国ではとくに，親による子ども虐待に代表されるように，心の傷が注目され始めたことも，関連していると思われる。また，この物語の舞台となった学校への期待と失望も，背景要因としてはあるのだろう。こうした時代の雰囲気を取り込んで，ハリーの体験世界は世界中の子どもたちの共感を呼び，作品が支持されたものと思われる。

　この作品は，映画化されたことによって，そのブームに一層の拍車がかかったのだが，初期の子どもたちの熱狂を考えると，尻すぼみの感がある。つまり，提起された心の課題については多くの共感や同一視が生じたが，結論が提示されるにあたって失望感が生まれたものと思われる。時代は，さらに心の課題を深く掘り下げた普遍性のある作品を求めているのではないだろうか。

■（5）普遍性を求める物語

　ドラマやアニメに限らず，その時に流行るイメージには時代の病理性が反映されると同時に，育ちの道筋を求める志向性が示唆されている。大まかに言えば，心の現象に限らず，光と影とはつねに表裏一体である。そうした認識を基本にして，過剰な悲観論でもなく，安易な楽観論に陥ることもなく，自己を内省しつつ現実を認識する，というバランスの取れた主題の設定と，時代性を踏まえながらも普遍的な真理を求めようとする姿勢と，この両者が実現されたストーリィは，稀有な名作と言うことができる。ブームとなった作品によって提起された課題への答えは，こうした息長く人気が持続する普遍性のある作品の中にあるように思われる。そのような普遍性のある心の課題を示唆するものとして，ル＝グィン（Le Guin, U. K.）の『ゲド戦記』や，梨木果歩の『西の魔女が死んだ』などが挙げられる。それぞれ本書の第5章と第6章で取り上げる。こ

うした作品はどちらかと言えば心理相談をするカウンセラーや，子どもの気持ちが分からずに悩む親の間で，評価される傾向があるように感じている。育てる側に立とうとする場合には，普遍的な生きる指針や意味性の確認が必要となるためかも知れない。

ところで，この章では，上述したいくつかの作品に基づいて議論すべき時代の病理の流れを概観して，現在地点を知ることに大きな狙いがある。つまりピンポイントで指摘できる時代性に，全体の流れを俯瞰する視点を作る作業である。ここではとくに，子ども時代に焦点を置くため，学校の病理を表すキーワードを中心にして，1960年代から現在までの流れを追って見ていく。同時に社会全体の病理を示すキーワードと並立させることで，その相互関連についても議論する。

2. 学校の病理と社会の病理の推移

(1) 学校問題の推移の概要

この章の末尾に別表として示したものは，こうした心の病理の変遷過程を整理したものである。起点とした1960年代初頭は，今で言う不登校が，登校拒否として学会などで報告され始めた時期である。おおよそ時代の流れを追って，マスコミなどで話題となった心の病理に関するキーワードを並べた。とくに学校に関するものを中心にしたのは，そこに子どもの課題が集約されるからであり，また，対象年齢と病理の展開する舞台が，ある程度限定されるために，定点観測のように変化を明示できるからである。ここに社会全体の動きに関するトピックスと社会病理全体を表すキーワードを絡めて表示した。

学校の抱える心にかかわる病理，言い換えれば心の課題について，大きな流れをまず見ておきたい。

1960年代に，「登校拒否」の登場で始まる，現在へとつながる学校の病理は，背景に加熱する受験競争と落ちこぼれ問題とを孕んでいると論じられてきた。この過酷とも言える詰め込み教育のなかで子どもたちのなかに溜め込まれていった不満が，怒りの形で学校の校舎と教師に向けられ，爆発したのが校内暴力と言える。1968年末の東大紛争を発火点として，高校から中学へと野火が

燃え広がるように拡大していき，全国的な「校内暴力の時代」へと突入していく。1970 年代には，「日本中に窓ガラスの破られていない中学校はない」と言われるほど，学校は子どもたちの破壊的な暴力に曝されていた。それを抑え込むために，一時は警察の力を借りたこともあったが，たちまちのうちに全国の中学・高校は，「管理教育」と呼ばれる構造が支配的になっていく。その発祥地が愛知県であると言われ，管理教育の徹底した3つの高校が「恐怖の3T」と陰で噂され，その象徴的な存在となった。幸いなことに今は，過去形で語ることができる。

　しかし，当時は，そうした状況が進展するにつれ，「家庭内暴力」が頻発する事態へと展開していく。その極限の形が，子どもによる親殺しである。同時に，「いじめ」がこの時期のキーワードとして急速に浮上する。1980 年前後がそのピークである。それは，弱い者同士が群れを成して弱い者を排斥する，といった性格が強く，いじめる側に回らないと自分がいじめの標的にされるという恐怖心が生む現象であるとされた。登校拒否が，本人の主体的な意思にかかわる事柄でないという認識から，「不登校」と呼び名を変え，特定の子どもの特殊な心の病気ではなく，誰にでも起こりうる，置かれた状況に対する反応性の現象であるとの認識に変わっていく。それだけ，不登校生徒の発現率が高くなったためでもある。

　1990 年代に入ると，ようやくスクールカウンセラー制度が，活用調査研究事業として試行的に始まり，ほどなくして本格的な活用事業へと移行する。学校に，外部からの人材が入ったということが画期的であると言われた。しかし，そのことで学校病理の拡大・増幅の流れに歯止めがかかったわけではなく，2000 年をまたぐ数年間は，「学級崩壊」現象が急速に拡大した時期である。学級崩壊は，じきに問題視されなくなっていくが，それは危機感を抱いた教師同士の連携が進んだことや，地域住人の協力と介入を受け入れたことなど，大人たちの努力の成果によるものとも思われる。この現象は，従来の学校の文化規範の崩壊を意味するものと，考えられる。

　この時に，注意欠陥・多動性障害（現在では，注意欠如・多動性障害）すなわち ADHD の子どもが注目されることになる。NHK の特集番組がきっかけの一つとなって，学級崩壊の要因の一つが，通常学級に在籍する ADHD の子

どもである可能性が示唆され，メチルフェニデート（市販名リタリン）という即効性のある特効薬の存在が知られるようになる。このことが契機となり，通常クラスに在籍する，いわゆる「見えない発達障害」へと関心が拡がり，障害児教育の方向性が，障害児と健常児の分離教育を原則とする特殊教育から，両者の垣根を取り払う方向性をもった「特別支援教育」へと大きく転換することになる。

　この時に，「軽度発達障害」という概念が拡がるものの，数年のうちに使われなくなっていく。それは，この概念が，高機能自閉症という社会性の障害と，学習障害（LD）という認知機能の障害，ADHDという行動もしくは行為の障害，という次元の違う3種の障害を，一つの概念にまとめるという無理なことをしていることへの批判が高くなったため，と考えてよいだろう。改めて本節の（4）で後述するが，少なくとも，軽度発達障害児の発現率6.3％という実態調査の絶妙な数値が，この大きな方針転換を可能にしたことは間違いがない。こうして始まった特別支援教育の理念は，「子どもの一人ひとりの個別教育ニーズに応じて，通常クラスと特別支援クラスとを柔軟に運用して対応する」というものであり，子どもの現状に応じて，学校教育のあり方を変えていこうとする試みの始まりとして評価できる。

　この間に，ケータイ（携帯電話）が子どもの世界にも普及し，PC（パーソナル・コンピュータ）を使いこなす小中学生も増え，良くも悪くもインターネットの世界が，子どもたちのもう一つの社交場となっていく。それは，24時間休みなくつながりを確認し続けることを可能にし，親密な友人関係を築くための必須ともなったコミュニケーション・ツールでもある一方で，「学校裏サイト」と呼ばれる，大人の目の届かない世界でのいじめを生み出す温床ともなり，功罪いずれが大きいのかは疑問である。そして，この状況のなかで，2011年3月11日に，東日本大震災が日本を襲った。その影響は，プラス面もマイナス面も含めて，今は未知数である。

　以上が，現在の学校の抱える課題につながる学校の病理現象の推移の概要である。子どもの「問題行動」を「発達の芽」あるいは「大人に向かって発信された言葉になり切らないメッセージ」として受け止めず，「学校の秩序を乱す行為」「抑え込むべき困った行動」と見て対策を講じてきた結果，必然的にたどる

ことになった歴史である。しかし，ここ10年程度のうちに，文部科学省の施策を含めて少しずつ風向きが変わり始めている。一朝一夕に変化は期待できないし，安易な楽観論も戒めなくてはならないが，大震災直後というこの状況のなかで，いかに希望の芽を見出して前を向くかという視点は重要である。

　以下に，これまで概要を見てきた経過を，社会全体の病理現象との関連性を加味して，さらに詳細に検討する。

■（2）登校拒否・校内暴力からいじめに向かう経緯
　　　―戦後から1970年代前半まで―

1）登校拒否の出現　　1950年代は，戦後の復興期である。日本中が，そのころ出回り始めたテレビの番組で見る，当時のアメリカ（合衆国）のような豊かな生活を夢見て懸命に働いていた時代である。戦災孤児の救済と貧困からの脱出とが最大の課題であったが，1948年前後に生まれた団塊の世代が中学に進学する時期になって，受験競争が激化し始める。「もはや戦後ではない」という，50年代なかばの首相の言葉に示されるように，日本は，経済的に豊かになりつつあった。高度経済成長期に入り，世界的にも奇跡と言われた復興を遂げつつあった。1964年の東京オリンピックの実現を目指して，「夢の超特急」新幹線が開通し，東名・名神の高速道路が完成した。1970年の大阪万博の開催も目の前にあった。

　そうした時代を背景にして，登校拒否の子どもの出現が報告され始めたのが，1960年前後である。このころの中高生のなかに拡がる気分は，他人に対して「無関心」で「無神経」，何事にも「無感動」な「三無主義」と評される。「受験地獄」と呼ばれるほどに激化する受験競争は，15歳の春を冷たく暗いものに変えていく。「四当五落」とは，一日の睡眠時間が5時間以上だと受験に落ちる，という強い受験勉強への圧力を表す言葉である。「落ちこぼれ」という言葉が生まれ，中学2年生で，三分の一の子どもは授業内容を理解していないと噂される。これらが，登校拒否の背景要因と考えられ，大学受験のあり方が国の施策レベルでも議論されている。

2）校内暴力の時代　　そうした状況のなか，1968年の東大安田講堂事件に代表される大学紛争が勃発する。全国の多くの大学は，過激派とか新左翼とか

呼ばれる学生運動の闘士によって封鎖され，東京大学の入学試験が中止へと追い込まれる。この大学の存続を揺るがすほどの事態が，入試を含む大学の教育システム全体の転換点となったことは否定できないにせよ，大学紛争自体は，警察の強力な介入によって下火となっていく。しかし，この火は意外な場所に飛び火したようで，燎原の火が燃え拡がるような勢いで，高校・中学の校内暴力を誘発する形となっていく。

とくに中学校の校内暴力の拡がる勢いは凄まじく，当時，この世の怖いものは「地震・雷・火事・中学生」とも言われ，教師たちは「卒業式の日に気をつけろ」と言い合ったものとされる。内申書の点数によって縛られていた子どもたちの，鬱積した怒りが教師と学校に向かったものと受け止められる。学校側は，荒れる学校の事態収拾のために，管理教育を強化していく。その結果，激しい校内暴力は収まっていくが，子どもたちのなかで納まりきらない怒りや恨みは，弱い者へと向かい，いじめと家庭内暴力が，頻発することになる。

この時期から，大学では，スチューデントアパシーすなわち大学生の無気力状態と，そこから派生する大量の留年学生への対応に苦慮することになる。

■ (3) いじめ問題とその前後
―1970年代後半から1980年代後半まで―

1) いじめと家庭内暴力　1980年の学校病理を示すキーワードは，「いじめ」である。いけにえの山羊「スケープゴート」を必要とするような構造が，学校内の子ども集団のなかに生まれてきたと見ることができる。子どものなかの怒りが，本来のターゲットを見失い，行き場を求めて拡散するという構図である。このいじめ問題に先立って，「家庭内暴力」も頻発する。マスコミは連日のように特集を組み，中学生の体位向上により親たちが，子どもの暴力を抑えきれなくなったという実情を報じている。主なターゲットは母親であり，全国のいたるところで多くの不登校の子どもが，「こんな自分になったのはお前のせいだ」「あの時にお前が進路を押し付けたせいで自分がダメになった」などの理屈で親を責め，殴る蹴るの暴力を振るい，金属バットで家具を壊している。親を殴り殺す子どももいたし，家を壊してブルドーザーで整地してしまった子もいた。止めに入った父親が，投げ飛ばされてろっ骨を折るようなことも珍しく

はなかった。中学生をもった親たちは，金属バットを押入れの奥深くに隠した。

　子どもたちの破壊のエネルギーは凄まじかったが，それは反面で，救いを求めて親に甘えようとする必死の姿であり，本来の自分を取り戻そうとする発達のエネルギー，すなわち内在する生命力の噴出とも言える。子どもたちは，卑屈に謝ったり，見捨てて逃げ出したりする親ではなく，毅然として自分を丸ごと受け止めてくれる，力強い守り手を求めていた，と考えるのが妥当である。現実的には，それが得られる子どもは少数であったが。

　多くの親は，怖れたり諦めたりして子どもに近づかなくなり，子どもたちは一層孤立して引きこもり状態へと移行していくことになる。医療機関や心理相談に訪れる親も多くいたが，即効性のある対応策はなく，民間のフリースクールや類似の施設もこの時期，数多く創設されている。なかには怪しげなものも多くあり，子どもたちの命が奪われることもあった。愛知県のあるヨットスクールにも，救いを求める親たちが多くの子どもを預け，一時，マスコミでも取り上げられて大変な評判を呼んだが，無理なヨット訓練を拳骨による体罰で強制する強引な指導法により命を落とす子どもが相次ぎ，一挙に衰退していくということもあった。少なくとも見捨てないでいるという最低限の親の役割は，親自身が引き受けなくてはならない。それをいかに支え続けるか，ということが重要なのであって，心の課題に特効薬はない，という教訓が，大きな代償と引き換えに残された，と受け止めておきたい。

　いじめや家庭内暴力に走る子どもたちは，親たちも教師たちも同じだったように思われるのだが，自分自身がなるべきものを見失い，必死になって人間としてのあり方を手繰り寄せようとしていたのではないかと思われる。その基本的な思いは，おそらく今でも同じであろうが，相手を攻撃することで自分のなかに痛みを生み出し，そうすることで人間としての心を確かめたかったのではないかと，考えられる。そうすることによって，本当の自分を取り戻すことなどできないことは，誰しも分かってはいても，時代の流れのなかで，そうせざるを得ない自分もいたということなのであろう。

　2) シンドローム・シンドローム　　1970年代に後半から顕著になってきた若者たちの心理特性は，1980年代に入って多くの著作によって説明されるようになっていく。代表的な概念として，「青い鳥症候群」（清水，1984）や「モラ

トリアム人間」（小此木，1981），「スキゾ・キッズ」（浅田，1984）などである。いずれも，現実の生活感覚が薄く，人当たりはよいが主張がなく，感情的になることもなく，趣味の世界には熱中しても仕事や課題は回避して生きようとする若者の姿を表している。上昇志向性の強い団塊の世代とは，一線を画す若者たちである。

1980年代は，このほかにも多様な「シンドローム（症候群）」とその類似概念が生み出されている。「カウチ・ポテト族」は，無気力な若者の姿を表すものである。「新人類」は，年長者が，価値観のまったく違う若者を指して言う言葉である。「かぐや姫症候群」は，このころ目立ち始めた拒食症（今でいう摂食障害）の女性の病理を説明するための概念である。そのころのNHKの朝8時からの連続テレビ小説「おしん」にちなんだ「おしんドローム」は，苦難に耐え忍ぶヒロインの名前と「シンドローム」の合成語である。なんでも病理の言葉にしてしまうこの風潮を評して「シンドローム・シンドローム」というシンドロームも登場する。

また，1980年代を席巻した2冊の本がある。コレット・ダウリング（Dowling, C.）の「シンデレラ・コンプレックス」（1981）とダン・カイリー（Kiley, D.）の「ピーターパン症候群」（1983）である。

前者は，働く女性のなかに潜在する依存性に視点を当てた概念で，「私は仕事でこんな頑張っているのだから，白馬に乗った王子様が助けに来てくれてもよいのに」という思いに駆られる心の弱さを主題にしたものである。社会進出を果たしつつあった女性たちのなかに，圧倒的と言える共感を呼ぶ。ちなみに，その後，1994年から2004年まで，少女マンガ雑誌の雄である「マーガレット」（集英社）に連載された神尾葉子の『花より男子』は，このシンデレラ・コンプレックスをモチーフにしている。

後者は，永遠の少年であるピーターパンになぞらえて，自己中心性が抜けない，いわば「大人になれない」青年期男子の心の課題を整理したものである。ピーターパンに絡む女性の抱える葛藤として，「この人は私がいないとダメになってしまう」「この人のことを理解できるのは私だけ」という思いは，ウェンディ・ジレンマ（Kiley, 1984）と呼ばれる。理想化した母を求めるピーターパンと，必要とされることを必要とするウェンディの組み合わせは，ともに自己

愛が適切に満たされない男女の，葛藤的な人間関係の典型として受け止められ，多くの若者たちの共感を得ることになる。

こうした1980年代の著作は，1970年代の後半から表面化してきた時代傾向を表すものとして捉えるべきものである。全体として見ると，この時代の流れのなかで何が起こっていたのだろうか。このことを「からだ」の感じ方，あるいは体験の仕方という切り口で，捉えようとした試みがある。

3）怒りの体験の変化　この時期に，怒りの表現として，「腹が立つ」が後退し，「頭にくる」という言葉が目立つようになった。竹内敏晴（1975，1983，1997など）は，この現象を「からだの感覚として捉えられていた感情が，からだと切りはなされた頭のみで体験するものに変質してきた」と，捉えている。この「腹が立つ」の表現にある「立つ」は，「陽炎が立つ」という場合の，揺らめき立ち上る意味であると，竹内は説明しているが，こうした情緒や感情の受容体もしくはセンサーとしてのからだが，その機能を弱体化させつつ，知性優位の頭にその機能を譲っていく過程とも見える。ちなみに，ここで言う「からだ」の概念は，生理的機能を中心とする身体に意味を限定せず，その身体を体験する心理的な側面までを含めた身体性といった意味として，理解されるべきものである。

■（4）ボーダーラインの喪失と存在実感の拡散へ
　　　―1980年代後半から2000年まで―

1）「ムカツク」と「ツカレタ」　「腹が立つ」から「頭にくる」と変わってきた怒りの表現は，1980年代ごろから次第に，「ムカツク」が主流になっていく。それに伴い「キレる」が「フツー」に使われるようになっていく。竹内は，これを「飲み込むことも，吐き出すこともできない」中途半端な情動体験としているが，さらに加えると，身体感覚の希薄化とともに「キレる」に表されるような肉体の機械化・器具化というべき事態が生じてきたように思われる。朝から「ツカレタ」を口癖にする子どもたちは，電池切れの状態とも思われる。

このころから，女性が一生の間に産む子どもの数の平均値とされる合計特殊出生率が2.0を切り，「1.57のショック」と言われる状況が生まれる。その後，1.3前後まで下がったこの数字は，ここしばらくその前後で推移することにな

る。時代は，少子高齢化へと移り，社会構造自体が変わり始める。1980年代初頭に現れたバブル景気の時代も，長くは続かない。1990年代に入ってバブル崩壊から始まる若者の就職難の時代は，ロスト・ジェネレーションと呼ばれる。この20年の間に，児童虐待は急増し，男子ではアパシー・シンドロームと引きこもりが，女子ではリスト・カットと摂食障害が増えていく。

　学校では，不登校生徒が増え続け，文部省は，「不登校は誰にでも起こりうる」現象であると見解を改め，学校状況を立て直すための施策を次々とスタートさせる。その代表的なものが，スクールカウンセラー活用事業である。当初は，10か年の調査研究事業であったが，学校現場でのニーズの高さから，前倒しで活用事業に切り替えたうえ，中学での全校配置へと展開していく。しかし，学校の荒れはすぐには収まる気配を見せず，学級崩壊が急速に拡がり，一方で学校を舞台にした中高生の凶悪犯罪が頻発する。従来の学校教育システムの制度疲労とも思われる学校現場のなかで，教師も疲弊していく。

　2) 児童虐待の連鎖　　この時期を最も端的に象徴する社会現象が，児童虐待の急増である。「白雪姫コンプレックス」（佐藤，1985，1995）という言葉が生まれ，虐待の世代間連鎖に注目が集まり始める。つまり，虐待された子どもが親になって，わが子を虐待するようになる，その心理機制を説明する概念として注目されたのである。そのことは，虐待問題が，積年の親子関係の歪みが生み出す心の病理であることを示唆する。したがって，子どもの受ける心の傷は，親と同型のものであり，トラウマ・ケアは，親と子を同時に包み込んで行なわれる必要がある。親の内なるインナー・チャイルドの傷つきが，目の前の子どもに体現されている，と捉えて，傷ついた親のインナー・チャイルドを癒す，という視点こそが重要である。

　こうした理解と配慮が必要な母子は，今や，保育所・幼稚園から通常の小中学校までいたるところで出会うことになる。この問題もまた，一部の特殊な子どもの問題ではなくなっている。こうした事態が，この時期には急速に展開していく。この問題は，第4章で取り上げることにする。

■ (5) 通常学級における発達障害への注目—2000年以降—

1) 学級崩壊とモンスター・ペアレント　　学校における21世紀の幕開けは，

学級崩壊現象の拡大からである。2000年と2001年をピークに急増し、その後、急速に収まっていくのだが、一時は大きな社会現象とされるほどであった。小学校の低学年では、授業中座っていられないで歩き回る子どもが引き金となって、「くそばばあ」「お前なんか死ね」など教師に対して暴言を吐く、奇声を上げる、居眠りをする、床に寝そべる、お漏らしをする、訳もなく友達を殴る、物を投げ散らす、教師に甘えかかる、やんちゃを言う、などの行動が、クラス全体に拡がって収拾がつかなくなる、というものである。高学年になると、教師に対して反抗的で、教室を出て行く、壁を蹴って穴を開ける、物を壊す、「死ね」「うるせー」「うざ」などの暴言を吐く、配布物を破る、ゲーム機でゲームをする、お菓子を食べるなど、授業ボイコットの雰囲気の強いものになる。真面目に授業を受けようとする一部の生徒やその保護者からのクレームもあり、教師のストレスは急速に増大していく。モンスター・ペアレントと呼ばれる保護者からの過剰なクレームも、このころから報告が増えていく。

その後、ティームティーチングの手法の浸透、学外講師の活用、クラスの少人数化などの教師側の工夫が実ったためか、学級崩壊は話題に上らなくなっていくが、教師のうつ病、不登校は増え、教師の性犯罪がたびたびマスコミに報じられるようになっていく。教師は、慢性的にストレスを溜め込み、その気分が生徒にも伝播するといったように、悪循環に陥るクラスや学校も出始める。

2) 学校裏サイト　一方、この時期は、社会全体にもケータイやパソコンが急速に普及し、インターネットが日常生活のなかにも根を下ろしていく。便利な道具には必ず光と影がある。産婦人科の待合室では、若い母親同士の会話が消え、それぞれがケータイでメールを打ち続けるといった光景が当たり前になっている。そのことは同時に、最早期になされるべき母子間のアタッチメント行動を奪い、子どもは気づかれないうちにネグレクト（育児放棄）状態に置かれることになる。都市部のみならず、地方都市や郊外の住宅地でも住民同士のつながり感が薄れ、地域コミュニティの崩壊が指摘される。時代は、世界的な経済不況に突入し、若者の就業率は下がり続け、新たな貧困層を増大させる。政治と政治家に対する不信感を通り越した絶望感は、詐欺やひったくりのような老人や女性などの弱い立場の者を狙った、犯罪としては軽微なものを増大させ、ネット犯罪も目立ち始める。

子どもの社会は大人社会の縮図である．インターネットの普及は，学校裏サイトを生み出し，そのなかで行なわれるネットいじめは，直接の暴力ではないため規制しにくく，いろいろな意味で抑制がかかりにくいため，容赦のない言葉の暴力でいじめの対象を深く傷つけていく．

3) スクールカウンセラー制度　こうした経緯のなかで，スクールカウンセラー制度が本格運用され始め，特別支援教育がスタートする．スクールカウンセラーの仕事の中核は，教師を中心として学校全体を癒すことが本質である．困った行動をする子どもへの個別の対応は，その一つの局面に過ぎない．学校での授業活動や成績評価とは直接には関係のない第三者の目で子どもの姿を見直し，学習活動に限らない広い観点から子どもの評価を構築し直すことに，重要な意義がある．「学校の勉強」以外の場面で，子どもが元気でその子らしくしていられる時の姿が教師の目にも映るようになる．そのことが肝心である．それが，子ども自身の自己評価や自己イメージの再構築につながるからである．

また，通常学級における特別支援教育の場合，ターゲットになるのは「見えない発達障害」を抱えた子どもである．概念上は，アスペルガー障害を含む高機能自閉症，学習障害（LD）と注意欠如・多動性障害（ADHD）の子どもである．チェックリストを使った文部科学省の実態調査の結果は，特別支援教育の在り方に関する調査研究協力者会議の最終報告（2003）に盛り込まれているが，そこでは，全国平均で6.3%の子どもが該当するとされる．この子どもたちの個別教育ニーズを生活面も含めて幅広く理解したうえで，流動的に多様な学習支援を行なう，という主旨によって始まっている．ここでも，専門家チームや学識経験者として選ばれた外部の人材が，学校現場に介入する形がとられる．

スクールカウンセラーも，特別支援で学校に派遣される有識者もともに，これら事業の主力を担うのは臨床心理士である．そのことは，子どもの心の課題を，教師目線からではなく，子ども目線で考え直すという発想の転換が求められることを，意味している．加えて，制度設計自体が，単年度の単位で子どもの課題を捉えるのではなく幼児期から青年期にわたる長期のスパンで子どもの発達全体を捉える，ということを求めており，学年移行にあたっての情報伝達，学校と家庭との連携，幼稚園・保育園から小学校・中学校・高校と続く組織間の接続など，多様な立場の人たちの協働関係の構築の重要性を，示唆すること

になっている。しかし，ここで求められる「横の連携と縦の接続」という課題は，ここに来てコーディネーターの人材不足の現状を浮かび上がらせることになってきた。指導方針を明確化して一本化すると同時に，適切な役割を割り振るというコーディネーター機能が，絶対的に不足しているという現状がある。そうした能力をもった人材の育成が，現時点での急務である。

4）東日本大震災後に　　そんな時に，2011年3月11日，東日本大震災が日本を襲った。半年経った今，「頑張ろう，日本！」を合言葉に，「復興」の2文字が，日本の社会全体の課題として共有されている。被災地の子どもの笑顔が，大人たちを励まし，復興の大きな力になっている。そのことに気づけば，子どもの笑顔こそが，真の幸せのバロメーターであることが分かる。社会全体の大人たちが，何が大切かという価値観や生き方を見直すまたとないチャンスであり，子ども自身が，自分たちの生き生きと遊び学ぶ姿によって親たちを支えていることを知るチャンスでもある。子どもの心の発達にとっては，良い方向に向かう転換点になる可能性を秘めた時期である。活かせるかどうかは，大人たちの，この状況に対する認識の深さにかかっている。

3．現状と今後の課題

(1) 発達障害の子ども

発達障害の子どもの数の急速な増加，という事態が意味することを，改めて考えておきたい。

ポイントは，高機能自閉症の診断をめぐる問題である。幼児期から青年期にいたるまで，あらゆる年齢層で「自閉症もしくは広汎性発達障害」の診断を受けたり，そうであることを疑われたりする例は，かなりの数に上っている。一方で，あきらかに自閉症との診断が可能な子どもが，未診断のままに放置される例も少なくない。30人前後のクラス編成を想定すれば，両者を併せておおむね「一つのクラスにもれなく少なくとも一人はいる」という計算になる。その数の多さに比べて専門機関や専門家の数は圧倒的に少ない。診断名を付けるだけで手一杯という状況が生まれる。

実際に，保育所や幼稚園，小中学校に足を運び，仲間のなかでの様子を見て，

経過を追っていくと，専門機関で自閉症圏の診断を受けた子どもの診断が正しいと判断できるのは，経験的に言うと5割程度である．社会性が未熟で，対人関係において自己中心性が抜けず，衝動的な破壊行動や攻撃性の噴出があり，時に強迫症状や興味対象の狭さが見られる，という状態像から，自閉症圏の障害が疑われるものと推測できるが，実質的には，早期関係性障害，つまり母子関係の希薄さをベースに発展したアタッチメント（愛着）障害の子が圧倒的に多い．学校場面だけで見ると，ADHDや反抗挑戦性障害，認知のアンバランスを抱えた学習障害圏の子どもと見ることもできるが，生活全体を視野に入れて判断すれば，その判断では不十分である．より適切なアセスメントのあり方を，構築する必要がある．

社会性が未熟な子どもの抱える課題として，第一選択に，発達早期からの愛着障害を想定することが現実的判断と言える．この子たちを，自閉症圏の発達障害と区別することから始めなくてはならない．基本的な対応方針の焦点が，自閉症の子のように場の構造化にあるのではなく，母性の供給や家族団らんイメージの提供という点に置かれるからである．つまり，人と人との絆を作り，本当に伝えたいことを伝えたい人に伝えられるようにきめ細かく手をかけ，本当に伝えたいことを理解してフィードバックする．そうした関係性を通して，なりたい自分の姿を知り，なりたい自分になれそうな今の自分を作る．そうした視点でのかかわりこそが，この子たちの求めていることである．これが学習活動に取り組む基盤を作る．単に，その子に応じた学習のさせ方を求めることでは，こうした子どもの発達支援にはなり得ない．対応方針のキーワードを絞るならば，温もりのある眼差しと情緒的な絆，ということになろうか．

ただし，実際に自閉症圏の発達障害をもつ子どもが多いことも事実である．この子たちの発達支援に必要な視点は，場の構造化による生活の安心感の提供に加えて，自己存在感と自己イメージの確認という心の作業である．

自閉症圏の子どもの抱える障害の実態は，通常の生活が感覚過敏によって刺激過剰事態になっていることと，そのため侵入的な刺激が多くなり，それが自我解体をもたらしやすい状態を作る，ということにある．慢性的な自我解体の危機に対処するために，この子たちは，さまざまなこだわり行動や集団からの逸脱，人間関係の回避などの無力な防衛行動にしがみつくことになる．好ん

で逸脱行動をしているわけではなく，できるなら「皆と同じように，一緒に混じってやりたい」と思い，介入的・侵入的でないならば，人の温もりを感じていたいと望んでいる。仮に，数字の世界に没頭していたとすれば，それは心の底から人とのかかわりを避けているのではなく，逆に内心ではかかわりたい思いを抱えて，目の前の人間関係を数字の世界に変換して整理しようとしているのである。つまり，かかわりたいから数字の世界に没頭している，と理解する視点のもち方こそが要点なのである。

　この時，子どもは数字に自己イメージを投入し切ることができれば，かえって集団参加の意欲が生まれてくる。たとえば，「自分が1で，教師が1に寄り添う2になり，苦手な相手は角ばった4で，好きな子は1によく似た7になる」といった思考の仕方で，自分と周りの人間のキャラクターとを整理しようとしている。それがうまくできれば，実際のあの子の反応はどうなのか，と興味をもってちょっかいを出して試す気になったりする。その動きを，「一緒に遊びたいんだよ」と通訳する人がいれば，集団参加のきっかけができる。

　「大人の常識は子どもの非常識」と思って，大人の感覚をいったん捨てて，子どもの感性と視点を取り戻して理解する姿勢が，この時には重要である。キーワードとしては，「子ども目線を取り戻すこと」となるだろう。重要なことは，「ゆとり教育」か「基礎学力重視」か，という方法論に偏った議論をすることではない。方法論は，目の前の子どもの現状を子どもの目線で捉えたところから，おのずと生まれ出るものである。子どもの現実を知ることが先である。

　自閉症問題が重要なのは，それに取り組んでみれば，「私たち大人はいかに子どもの内面を知らないでいることか」と実感できるからである。特別支援教育の趣旨として，一人ひとりの子どもの個別教育ニーズを知る，ということが挙げられているが，そのことは教育の原点とも言える。十把一からげで教える集団教育を当たり前のこととしてきた感覚を，根底から問い直すための道筋を，自閉症の子どもは教えてくれている。

■（2）モンスター・ペアレント

　事あるごとに苦情を言い注文をつける「クレーマー」と呼ばれる人たちは，いつの時代にも，どこにでもいたのだが，近年ほど学校がこの問題に悩まされ

たことはない。教師の権威が地に落ち，社会的に尊敬されなくなる方向で，学校文化が変質し始めたことと関連するかとも思われるが，教師のストレスの最大原因と目される，この状況が「モンスター・ペアレント」という言葉を生んだように思われる。

ここでまず認識しておきたいことは，どこにでもいるわが子を案じる父母を，モンスターに変身させるのは学校の対応にある，ということである。モンスター，怪獣，怪物，妖怪，物の怪，お化け，鬼，夜叉，などのおどろおどろしきものたちを生み出すのは，いつの世も人間の心である。彼らはいつでも，抱えきれない不安や悲しみを抱えて追い詰められた存在である。その攻撃性や破壊衝動の背後には，真の意味での理解を求める気持ちが隠れている。したがって対応の原則は，攻撃に向き合って生き残ることと，その悲しみの本体に触れて真に訴えかけている内容にたどり着くことである。

子育てにかかわる不安を抱えた親が教師を責める時，教師自身に，自責の念や追い詰められた被害感，「どうして自分がそこまで責任をもたされるのか」といった類の疑問と怒り，その一方で捨てがたくある，教師であり続けなければならない責任感，自分は未熟であるという感覚から生じる無力感，などのさまざまな整理しきれない情動が生じている。葛藤し混乱し疲弊して抑うつに沈む。その内的体験こそが，相手の親の心の状態を投入されたものであると知ることが，ここでの危機を越える力となる。

ここで相手のために悲しむことができれば，関係の質は大きく転換する。第三の敵を作って共闘体制を組むことで一時の関係修復につながる場合もあるが，それは本質的な関係改善ではない。子育ての過程を経て傷ついてきた親の心を癒し，親としての自己イメージを修復する方向へと展開する，という視点と姿勢が必要なのである。

現代の子育て環境は，母親が孤立して不安と不全感を抱えながら家庭という密室で，「自分の生き方はこれでよかったのか」と葛藤しながら子どもと一対一で向き合う，という構造を作り出している。父親は職場で疲弊して母子を抱えきれない自分を責めつつ，責任から逃れようとしてさらに自責の念を募らせる。両親ともに，子育てをめぐって，一人では抱えきれない心の重荷を抱え込んでいる。学校と教師に求められていることは，子どもと親を丸ごと抱えて包み込

むという関係性の構築なのである。これは，担任教師一人でできるものではなく，専門機関に送って任せてよいというものでもない。学校が全体として，親と子を抱えて導く機能を取り戻す作業であり，社会的に開かれた子育て機関に成熟しなくてはならない，という課題である。

「担任が一人で抱え込まない」「学校だけで問題を完結させない」という視点が基本であるが，重要なことは，学校がどこまでの責任を果たすのか，その社会の中での役割を新たに見出すことである。たとえば，高機能自閉症の子どもがいれば，専門機関と連携して基本方針を見定め，学校での指導と家庭での生活とが調和を保つように調整し，能力開発のための手がかりを作って次の学年・学校につないでいく。こうした作業の中核を担うことを，モンスターと呼ばれる親たちが，要求しているのだと理解しておきたい。

理想的な状況ではなくとも，今の現実のなかでできることを，最大限の努力で行なう姿勢を親に伝え，学校でできることを伝え，家庭で協力してもらえることを相談し，子どもの気持ちに目配りしながら協働してよりよい子育てを目指す。教師も親も，子どものよりよい発達を願っているという点では，対立する理由はどこにもない。大人たちが自分のことを一所懸命に考えて協力し合っている姿こそが，子どもの心を穏やかにする。対立し，相互不信でいがみ合う姿が，子どもの心を育てるはずのないことを忘れないでいたい。冷静になって，その当たり前の真実に気づけば，モンスター・ペアレントこそが，学校と家庭とのよりよき協働を実現するきっかけを作ってくれる，ということが見えてくるのではないだろうか。

■（3）教師の傷つき

心が傷ついた子どもたちの存在は，子どもたちと向き合う教師の心を傷つけ，疲弊させる。代理受傷，共感性疲労という概念で説明されている現象である。熱心で，子どもと一体化することのできる教師ほど，傷つくことになる。子どもとともに生活する教師にとって，そうした傷つきを避けることはできない。傷を抱えて悩みながらも成熟する姿を，子どもたちに伝えることが，教育の本質である。「育ち方を教える」ということこそが，教育の本質である。それこそが，教科学習に代表される授業を通して行なうべき作業である。知識の伝達は，

副次的なものである．学ぶ力を身につけた子は，教えられなくても自ら学ぶのである．

　子どものために傷つくことは，そのことを認識し自覚し，能動的に受け止める限りにおいて耐えられない痛みではない．自閉症の子が，授業中に奇声を上げてプリントを破り，部屋の花瓶を投げつけて粉々にしてしまったのならば，それはその子の心，つまり自己感が断片化したときの恐怖を体現しているのである．「お前なんか死んでしまえ」と叫ぶ愛着障害の子ならば，自分の存在感が否定され，わが身と気持ちの置き場所・居場所を失った激しい悲しみを，教師に向かって投げかけ，助けを求めている姿である．

　生身の人間である教師は，否応なく感情的に巻き込まれていく．どこかに，距離をとって自分と子どもの気持ちを自覚して言葉に変換するゆとりが，必要である．できれば，それが親の抱えた葛藤の産物であることや，親も助けを求めていること，自分自身も同型の葛藤を抱えて生きている弱い人間であること，などの，人間関係の全体像を俯瞰する目線を作っておきたい．そうすれば，今，自分が，この子とのかかわりのなかで，傷ついていることの意味が，はっきりと認識できることになる．

■（4）スクールカウンセラーと特別支援教育

　現時点では，スクールカウンセラー制度と通常学級における特別支援教育の巡回指導とは，独立の事業となっている．前者は，一般の児童・生徒を主たる対象とするのに対し，後者は，発達障害児を対象にする．一応，理念的には両者の対象は違っているのだが，実情として，教師の相談したい，あるいは専門家に委ねたい子どもは，同じであることが多い．この間のコーディネートをする機能が，重要な課題の一つである．

　ちなみに，特別支援教育の実施にあたって，学校ごとにコーディネーターが指名されている．教頭，教務主任，養護教諭などが，指名されることが多く，コーディネーター研修も熱心に行なわれており，一定の成果を挙げつつある．このコーディネーターは，その性格上，スクールカウンセラーと他の教員との調整役になっていることが多い．通常業務に上乗せされるため，かなり多忙となる．発達障害や心理面接についての知識や見識も身につけねばならない

し，他の教師からの信頼も必要である。かかる重圧の大きさのためか，2, 3年単位で役割交替していく例が多く見られる。つまり，知識と経験が蓄積されない構造になっている。

　コーディネーターが機能している学校は，職員室の雰囲気も穏やかで，多くの子どもたちの気分も安定する。キーパーソンとなっていることは確かであるが，一人で孤軍奮闘しても子どもの発達支援環境の整備にはつながりがたい。教師のみならず，スクールカウンセラーにも，発達障害の子どもについての知識の乏しいことがよくある。学校のなかで孤立することも稀ではない。それらの場合には当然，スクールカウンセラーの存在意義が問われるような状況が生まれる。それは，スクールカウンセラー自身が一番よく分かっているため，そのスーパーヴィジョンを行なう時には，心理相談のための環境を整えるための智恵が必要とされる場合も多くある。そういう時に話題となることは，管理職や周りの教師の無理解である。スクールカウンセラーの存在を活かすためには，相互不信の構造を修正する必要がある。

　そのためにスクールカウンセラーに必要な資質は，子どもを理解する眼差しの確かさと，その理解を他者に伝えるコミュニケーションの力である。それが，学校内で指名されたコーディネーターと連携して，学校内のコーディネート機能を高める役に立つ。つまり，目の前の子どもという実際の事例を通して，管理職を含めた多くの教師が，子どもの心の現実を知っていく方向への転換点を作ることができる。「この子はそういう気持ちで学校生活を送っていたのか」「親の辛さが分かった気がする」と，感じた時に，子どもに向ける教師の目線が変わるのは，よく経験することである。それで急に学校の雰囲気や人間関係の構造が変質する，ということではないが，一人の教師が見失いかけていた初心を取り戻すきっかけにはなるように思う。

　心理臨床の立場で子どもや学校の課題に取り組むということは，制度やシステムを変えるということではなく，目の前の一人の人を支える仕事に誠意を尽くすことである。子どもでも親でも教師でも，目の前の一人がクライエントである。いつでもその心に耳を傾け，瞳を凝らすことができるよう，つねにニュートラルなスタンスを心がけることも必要である。そうした労の多い地道な作業を諦めずに続ける時に，少しずつでも何かが生まれる。傷ついた子ども

の傷つきを，確かに理解できる人が増えていくことが，家庭や学校や地域社会を育てることにつながる。

　自分を信じて継続することで生み出される力を信じたい。それを支えるものは，その時に生み出された子どもの笑顔である。この実践が正しいのか間違っているのか，目の前の子どものなかにその答えはある。

文　献

浅田　彰　1984　逃走論—スキゾ・キッズの冒険—　筑摩書房
ダウリング, C.　柳瀬尚紀訳　1984　シンデレラ・コンプレックス—自立にとまどう女の告白—　知的生きかた文庫（Dowling, C.　1981　*The Cinderella complex: Women's hidden fear of independence*. New York: Simon & Schuster.）
カイリー, D.　小此木啓吾訳　1984　ピーター・パン・シンドローム—なぜ，彼らは大人になれないのか—　祥伝社（Kiley, D.　1983　*The Peter Pan syndorome: Men who have never grown up*. New York: Dodd Meed.）
カイリー, D.　小此木啓吾監訳・尾島恵子訳　1984　ウェンディ・ジレンマ—"愛の罠"から抜け出すために—　祥伝社（Kiley, D.　1984　*The Wendy dilemma: When women stop mothering their men*. Westmimster, MD: Arbor House.）
小此木啓吾　1981　モラトリアム人間の時代　中公文庫
佐藤紀子　1985　白雪姫コンプレックス　金子書房
佐藤紀子　1995　新版白雪姫コンプレックス—コロサレヤ・チャイルドの心の中は…—　金子書房
清水将之　1983　青い鳥症候群—偏差値エリートの末路—　弘文堂
竹内敏晴　1975　ことばが劈かれるとき　思想の科学社
竹内敏晴　1983　子どものからだとことば　晶文社
竹内敏晴　1997　ことばとからだの戦後史　筑摩書房
特別支援教育の在り方に関する調査研究協力者会議　2003　今後の特別支援教育の在り方について（最終報告）　文部科学省

別表　時代の病理の変遷過程

年代	学校の病理を示すキーワード	社会の病理を示すキーワード
1960	**登校拒否**の学会報告 落ちこぼれ問題 学園紛争の中高への飛び火現象	※高度経済成長期 受験戦争と三無主義 大学紛争：東大安田講堂事件
1970	**学校内暴力**の拡大：「地震・雷・火事・中学生」「内申書への恨み」「卒業式の日に気をつけろ」 管理教育「愛知の高校3T」 **家庭内暴力**事件の頻発化：「金属バットによる親殺し」「戸塚ヨットスクール事件」 お金目当ての非行から遊び型非行へ 不登校の増加と質の変化（重度化と長期化）	スチューデントアパシーと大学生の留年 軽薄短小世代　青い鳥症候群 モラトリアム人間の時代　シンデレラコンプレックス　スキゾキッズとパラノ人間 カウチポテト族　ピーターパン症候群とウェンディジレンマ 「**腹が立つ**」から「**頭へくる**」へ
1980	社会現象となった「**いじめ**」：弱い者による弱い者いじめ　スケープゴート現象　いじめに加担・先導する教師の出現　いじめによる不登校への注目 年間50日以上の不登校中学生4万人（1%）超 文部省見解：「不登校はどの子にも起こりうる」	※バブル経済全盛期 ※合計特殊出生率低下：1.57%のショック ネクラとネアカ：ネアカになる圧力の増大摂食障害の増加：かぐや姫症候群 ボーダーレスの時代：心のボーダーライン喪失・オタク族 性同一性障害の増加（GID）：ジェンダーの拡散
1990	中高生の援助交際と覚醒剤使用の拡がり スクールカウンセラー活用調査研究事業10か年計画の開始 いのちの教室事業 女子高生ファッション：ミニスカ・ナマ足・ルーズソックス・茶髪 **学級崩壊**の小学校・荒れる中高校 15歳の同級生間の犯罪：5千万円恐喝事件 暴力の学年間連鎖への注目	児童虐待の増加：白雪姫コンプレックス アダルトチルドレン（AC） 「**ムカツク**」「**ツカレタ**」 ※バブル経済崩壊・ロストジェネレーションの時代 ※阪神淡路大震災・地下鉄サリン事件 PTSDの時代　**キレる** 男の子は**アパシー・引きこもり** 女の子は**リストカット・摂食障害**
2000	17歳の凶悪犯罪：まじめ・引きこもり生徒の起こす突発殺人 教師の抑うつ・不登校・性犯罪 中学不登校生徒2.5%超 通常学級の**見えない発達障害**児6.3% 特別支援教育の開始・スクールカウンセラー制度化 連鎖する思春期犯罪：ネットコミュニケーションの功罪 学校裏サイト・ネットいじめ 不登校生徒数は横ばい状態	児童虐待の世代間連鎖への注目：サイレントベビー・母親のケータイネグレクト・DV 解離性障害の増加 ※DV防止法・虐待防止法 ※同時多発テロ・イライラ戦争・アフガン紛争 ※出生率1.29で底打ちか ネット犯罪・振り込め詐欺：ターゲットは単身老人 ※政権交代⇒「前の方がましだった」の気分
2010	※高校無償化・子ども手当て ゆとり教育から基礎学力重視へと揺れ戻し スクールカウンセラーの高校配置開始／幼保小の連携模索	※産業構造転換期：クルマと鉄からITとエコへ 新型うつ病／「1Q84」現象 東日本大震災（2011.3.11.） エコと絆／超円高／世界同時不況の予感

第2章

現代の思春期課題
—『千と千尋の神隠し』における大人へのナラティヴ—

呼んでいる　胸のどこか奥で　いつも何度でも　夢を描こう
悲しみの数を　言い尽くすより　同じくちびるで　そっとうたおう
（『千と千尋の神隠し』主題歌の一節）

1．『千と千尋の神隠し』はなぜ大ヒットしたか

(1) 時代の病理を表すもの

　『風の谷のナウシカ』(1984年)，『天空の城ラピュタ』(1986年)，『となりのトトロ』(1988年)，『紅の豚』(1992年)，『もののけ姫』(1997年) などのあいつぐヒットで名高い宮﨑駿が原作・脚本・監督を手がけたアニメ映画『千と千尋の神隠し』は，2001年の夏に劇場公開された。以来，日本国内で空前の大ヒットとなった後，ヨーロッパやアメリカでも高い評価を得てきた。その人気は，10年以上経った現在でもなお健在である。
　私がこのアニメ映画に注目したのは，公開間もないころから，心理臨床の現場で，このアニメの熱狂的なリピーターとなった子どもたちに，しばしば出会うようになったからである。小学校高学年から高校生ぐらいまでの年齢の，とくに女子に多いという印象があった。その後，大学の講義や教師向けの講演会などの素材として使ったり，簡単な質問紙調査をしたりするうちに，大学生や社会人の青年期男女にまで，強い共感・共鳴をもって迎えられているとの感を深くするにいたった。
　宮﨑駿自身は，10歳前後の女の子の心の物語として構想したことを，図録のなかで「この映画のねらい」の一つとして述べているが，その10歳の女の子た

ちのための心の物語が，実際にはより幅広い若者層の共感を呼び込んだものと理解される。

　このアニメ映画のストーリィを見直すと，基本のテーマは「思春期の内的対象喪失とそこからのモーニングワーク（喪の作業）」であることに気づかされる。この思春期特有の現象を通称して「思春期モーニング」と言っている。後に詳しく検討するが，現代社会のなかで生きる子どもたちが，子ども時代を喪って大人になっていくための心の成長物語を，これほどまでに強く求めていたことを，改めて確認する思いである。つまり，彼らは思春期モーニングを乗り切る術を知らず，どうしてよいのか戸惑いながら，自分のあり方を見つけられないまま漂うことになる。このような現代的な心の課題の構図が浮き彫りにされているものと理解できるのである。

　第1章で論じたように，今の青少年の示す社会病理現象は枚挙にいとまがない。しかし，少なくとも心の問題に関する限り，「問題の行動」として示す症状は，その子の内なる「発達の芽」であり，そこに示される病理行動を理解する作業は，大人が子どもたちとともに取り組むべき心の課題へと導いてくれる。そういう意味で，この社会現象とも呼ぶべき事態は，時代の病理を反映していると言ってよく，その裏にあるものは，「大人になれない自分」を抱えた若者たちの姿である。つまり，『千と千尋』の物語は，今を生きる私たちが共有する心の課題を示唆している。

■ (2) 子どもの心に棲むものたち

　河合隼雄によって紹介されて以来，わが国の風土に合ったせいか広く受け入れられてきたユング（Jung, C. G.）の分析心理学の要点の一つが，普遍的無意識という概念である。フロイト（Freud, S.）の想定した無意識が個人のレベルに止まったのに対し，ユングの場合は，人類に共有される，より深い水準の無意識に分析の目が向けられている。その普遍的無意識は，元型（アーキタイプ）と呼ばれるイメージに象徴されて表現される。ユングが整理した元型として，通常は7種のイメージが想定される。簡単にまとめると，以下のようになる。この本の序章に示した文献などが，理解を深める参考になる。

母性的なものの象徴である太母（グレート・マザー）
父性原理を表すものと言ってよい老賢人（オールド・ワイズ・マン）
男性の内なる異性であるアニマと女性の内にあるアニムス
引っ掻き回し屋とも言われる小妖精のトリックスター
心のうちに潜む悪もしくは無意識のすべてを引き受ける影（シャドー）
意識のうちで演じている自分であるセルフ
自我の統合の象徴である曼荼羅

　一方，このアニメに登場するキャラクターたちのすべてが，現代の思春期の子どもたちのなかに棲みつき生きていると，まずは捉えておきたい。登場する主要なキャラクターは，以下のとおりである。

　千尋：この物語の主人公となる小学生の女の子。街の学校から郊外の学校へと転校する道中で，両親とともに不思議な世界に迷い込む。最初は，無気力でぼんやりしている子であるが，非現実の世界で名前を奪われて「千」と呼ばれながら体験を重ねて成長していく。
　お父さんとお母さん：千尋と一緒に不思議な世界に迷い込み，神々のための食物を勝手に食べたことの罰を受け，二人とも豚に変えられてしまう。
　湯婆々（ゆばーば）：千尋たちの迷い込んだ不思議な世界にある神々のための風呂屋である「油屋」を支配する魔女。
　銭婆（ぜにーば）：湯婆々と双子の魔女だが，湯婆々とそりが合わず，油屋からさらに奥の地に一人で棲んでいる。
　釜爺（かまじい）：油屋の最底辺にいて風呂の釜炊きをしている，手が6本ある職人気質の老人。
　ハク：油屋に住み込んで魔法の修行をしている白面の青年。自分の正体を忘れてしまって湯婆々の言いなりになっているが，その正体は，琥珀川という川の主で，白竜に化身することができる。
　カオナシ：自分の声と顔をもたず，黒ずくめの衣装に無表情の仮面を付けた正体不明の存在。相手の欲望に付け入り，相手を呑み込むことによって，相手の声と性格を取り込んで変身していく。どこからともなくやってきて，千尋に

よって誤って油屋に導きいれられ、中で大暴れをする。

　坊：湯婆々の一人息子。身体は大きく育っているが、「坊」の前垂れをつけただけの赤ん坊の姿をしている。途中で、銭婆の魔法によって「坊ネズミ」の姿に変えられ、カオナシとともに千尋の旅についてくる。

　湯バード：つねに坊のまわりを飛び回る、湯婆々の顔をした鳥のようなもの。坊がネズミに変わったとき、一緒に蠅に変えられ、千尋の旅についてくる。

　頭（かしら）：大きな顔だけの存在のオジサン。いつも三つがセットになっている。湯婆々の部屋にいて、何もしない。坊がネズミに変えられた時、銭婆によって坊の姿に変えられるが、坊ネズミを潰してしまおうと追いまわす。

　ススワタリ：いつも釜爺の周りにいてちょこまかと集団で動き回る黒くて丸い小さなものたち。好奇心旺盛で臆病で、叱られると仕事を手伝うが、すぐに勝手なことをしてまた叱られるという繰り返しになる。

　蛙男とナメクジ女：油屋で働く人間の大人の形をしたものたち。

　八百万の神々：油屋に集う土着の自然の神様たち。さまざまな不思議な姿をしている。

　考察の枠組みとして、この映画の主なキャラクターをこの元型に当てはめてみると、次のような対応の図式になると思われる。

　千尋：今時どこにでもいる思春期の女の子の自己像（セルフ）
　お父さんとお母さん：今時の両親像（現実の父と母）
　湯婆婆（ゆばーば）と銭婆（ぜにーば）：母性（グレート・マザー）の二側面
　釜爺（かまじい）：家の外へと子どもの育ちを導く父性（オールド・ワイズ・マン）
　ハク（白龍）：まだ理想化されている内なる異性（アニムス）
　カオナシと坊（ぼう）：大人になれなかったもの、心に抱えた負の課題、または子どものままでいたいという思春期的な心の影（シャドー）
　頭（かしら）：子どもに代わって母を独占しようとする父性の負の部分
　ススワタリ：子どもの発達エネルギーを象徴するトリックスター
　蛙男とナメクジ女たち：垣間見た大人の社会の住人たち（将来のセルフ）

八百万の神々：子どもの内なる自然

そして，トンネルを抜けて主人公・千尋が迷い込んだ不思議な世界は，非日常の世界として体験される千尋の無意識世界である。そのなかで物語の主要な舞台となる場所が，神々のための湯屋，「油屋」の建物である。無意識世界全体に中心点を与えてバランスを保つ，曼荼羅の重心にある，と見ることができよう。それはまた，千尋の無意識のなかに生まれた「大人の社会」を象徴するものでもある。全体のプロットをこのように捉えていくと，隠されたナラティヴを理解しやすい。

こうしてこのアニメの登場キャラクターを整理してみると，すべてが元型イメージにぴったりとはまっていく。今の子どもたちの心の物語としてリアリティがある，という意味で実によくできた名作であるということが分かる。多くのリピーターを呼び込んだ理由がここにある。また，世界中で大ヒットとなったのは，単にアニメーションの美しさからだけではないことも分かる。思春期モーニングという心の課題は，現代人共通の基本課題なのである。

2. 思春期の対象喪失とモーニングワーク

(1) 親への幻滅

思春期は，親への幻滅から始まる。それは，子ども時代には理想化されていた親イメージという内的対象の喪失を意味している。自分自身の成長の実感と引き換えに，子どもが大人になる時向き合うことになる。「自分の親はこの程度のつまらない大人だったのか」という衝撃的な気づきは，大人全般に対する幻滅と過剰な批判の視線を生み出す。

それは，思春期の子どもたちが必ず体験する内的対象の喪失である。この喪失体験からの立ち直りの過程は，心のなかのおとむらい，すなわち喪の作業であり，モーニングワークと呼ばれる。この子どもからの大人への過渡期における喪失は，「親への幻滅」「子ども時代の喪失」「大人になる戸惑い」といった形で体験され，それらの情動体験を受け入れてモーニングワークのプロセスを歩む，という，こうした喪失とそこからの立ち直り過程が，「思春期モーニング」

（小此木，1998；小此木ら，1998）である。

　『千と千尋』の物語では、主人公の千尋が両親とともに迷い込んだ無人のテーマパークの廃墟で、両親が豚に変わることに、喪失体験が集約される。それは、ある時突然に実感され、子どもとして生きていた時代が終わったことを、内心のどこかで感じる瞬間となる。今までのように子どものままではいられなくなったことを感じて戸惑い、混乱のうちに助けを求めて走り回る。

　これが、この物語の発端である。守られていたはずの自分が守られなくなったことを知り、愛されていることが当然だった世界が一変し、世界のなかで孤独に立ちすくむ自分を感じる。内的な対象喪失は、広範にわたり重層性をもって子どもの心に拡がっていく。大人の世界を生きる存在として、新しい自分を作り直さなければならない、という事態に、否応なく直面させられる。

　そのときの不安が強ければ強いほど、甘えの対象を試す行為として親や親代理の大人に向ける攻撃性は強くなることも多い。そうしてなお、大人社会で自分を守る力を見つけられないときには、千尋がこの世界に怯え両手で耳を覆ってうずくまったように、自分の殻に引きこもることになる。

■（2）モーニングワークプロセス

　一般的には、対象喪失した時の悲哀の反応は、キューブラー・ロス（Kübler-Ross, E., 1969）の『死ぬ瞬間』という何度も翻訳されている有名な著作が示したように、次のようなプロセスをたどることが知られている。小此木（1979）は、このプロセスが、人生のさまざまな局面での内的対象喪失に伴って生じるものであると指摘している。

　　①喪失の事実への直面：外的対象喪失の事実が内面化されることにより、喪失したという現実に直面することになる。不安が喚起され、混乱する。
　　②否認：対象喪失の事実を、まず否認しようとする。「これは事実ではない」「たいしたことではない」「きっと冗談だ」などと、思い込もうとする。現実に直面することを回避し、非現実の世界に逃げ込もうとする。
　　③怒り：否定しようもない現実が分かってくると、怒りが抑えられなくなる。怒りは、特定の他者へ向かう場合もあれば、自己自身に向かう場合

も，八つ当たり的に拡散する場合もある。怒りの表出は，しばしば自己破壊のリスクを伴うが，一方でそれは生命力の発露であり，発達のエネルギーの確認でもある。怒りが受け止められる体験は，喪失体験に向き合うきっかけを作ることになる。

④取引：そうした感情の爆発を経て，時として取引を試みることもある。「○○をするから無くしたものを返してください」と願い，代わりになるものを求めようとする。怒りと取引は順序が入れ替わることもある。

⑤抑うつ：それでも喪ったものが戻らないことを受け入れようとする時，人は悲哀の状態へと落ち込む。悲しみのなかで喪った対象が鮮やかに思い出され，次第に内在化されていく。きちんと悲しむことは，部分対象化されていた対象イメージが，プラスの面もマイナスの面も含めて統合され，全体対象化されるために，避けては通れない道筋である。悲しみのなかで，喪った対象の真実の姿に触れ，人の心はようやく，新しい出会いに開かれた状態になる。

⑥新しい出会い：喪った対象が自分のなかに生き続けている，と実感をもって体験できた時，その対象と共に生きている自分として，自己が新しく生成される。そのことが，人の心を新しい出会いと次なる成長へと導く。

　千尋にとっては，豚になった両親を元の姿にもどすための心の作業が，このプロセスにあたる。それは，喪くした親イメージを取り戻し，子どもであった自分の状態を回復する，ということを意味しない。新しい対象である，より普遍的な父性と母性との出会いを果たすことで，大人に一歩でも近づいた自分を作り直すことである。以前と変わらぬ両親像に出会うことは，もうできないことを知らねばならない。

　また同時に，まったく唐突に出現したアニムスのハクを受け入れるという心の作業にも取り組むことになる。千尋にとって未知であった，愛情の対象としての異性の姿が，自分の中で落ちつく場所を求めるようにして，次第に位置づけられていく。そのことがまた，新しい自己との出会いを準備することへとつながる。

　後先も分からぬ必死の思いのまま，混乱の状態を切り抜けてきた千尋が，「お

父さんとお母さんを助ける」という使命に気づいた時，ハクの手作りのお握りを食べながらポロポロと涙を流す場面がある。自信をなくした孤独と無力感のなかで，もはや子どもでいられなくなったことを悲しむ瞬間である。今までの子ども時代を捨て去ることによって，新しい出会いに満ちた世界が開かれる。そのことを暗示するシーンに見える。

3. 千尋が覗いた大人の社会

(1) 子どもの社会と大人の社会

　冒険前の千尋が住む世界が，今の現実を生きる「子どもの社会」である。千尋は，緊張感なくタラーッとした生活を日々退屈そうに送る子どもである。「ほら，あれが今度の小学校だよ」と親に言われても，「前のほうがいいもん」とふてくされたようにつぶやくだけの，不平が多くて反応の乏しい今時の子どもである。

　そんな千尋が，廃墟となったテーマパークを抜けて，神々が疲れを癒しに集う湯屋（油屋）の建物のなかに紛れ込む。子どもたちが遊ぶには荒廃し切ってしまったテーマパークを通り抜けて，無意識世界にある大人の社会へと足を踏み入れる。その世界での最初の導き手となったのが，アニムスのハクである。

　ここでは「仕事をもたないものは動物にされてしまう」と，ハクに教えられる。働かないものは，食料にされることを意味する。この世界で千尋の目に映る大人の社会は，湯婆婆という魔女によって支配されている。働くことは金（きん）を得ることである，という湯婆婆のもつ一元化された価値観が支配する社会である。そうした社会のなかでの行動指針も規範も知らない千尋は，誰かに言われるままに行動し，守られている実感のもてない状態で戸惑い，初めて目の当たりにする大人の世界に圧倒されるばかりである。どこを見ても，不思議な姿の神々と，どこか人間とは違う人たちが，自分の存在すら目に入らぬように忙しく動き回り，立ち働いている。自分のいるべき場所ではないという強い違和感とともに，子どもの自分にはできないことをしている人たちを前に，無力で小さく存在感がなくなりそうな頼りなさを感じてはいるが，他にいるべき場所はない。存在感の薄らぐほどの不安に耐えるには，ハクの言葉にすがって行動す

るほかはない。

■（2）子どもの目で見た大人の社会

千尋の迷い込んだ油屋は、不思議なものたちが住む世界のなかにある。名前を無くしてお金のために働く蛙男やナメクジ女であふれている。誰もが人間になりきれぬままで、わずかな報酬（金）を手に入れるため、お客である八百万の神々（あるいは神々であるお客）に奉仕する者たちである。多くの子どもたちにとっては、ここで生きていくという夢を描けない社会である。頼りにするべきハクでさえ、ここでは、魔法の力を手に入れるために心を売り、名前を奪われて本来の自分を見失った者である。

千尋自身も、生き残るため、手が6本ある不気味な釜爺に会いに行かねばならず、さらに、湯屋を支配する恐ろしい魔女とも対決しなければならない。いずれも千尋には過酷な試練であるが、とにかく教えられたとおり「働かせてください」の一点張りでこの急場をしのぎ切る。湯婆々によって名前を奪われ「千」となったものの、千尋はどうにか居場所を得て、この社会で生き残るために働き始める。「両親を人間に戻す」という目標が千尋の心の支えとなる。

4. 大人になれなかったものたち

■（1）坊──身体ばかりが大きく育った赤ん坊──

坊は湯婆々の一人息子である。部屋のなかで大事に育てられ、「オンモ（油屋の外の世界）にはばい菌がいっぱいいるから病気になる」と教えられている。湯婆々が忙しい時には（たいていいつでも忙しい）「おりこうさんにして遊んでいること」を求められ、山のような玩具とお菓子に囲まれている。少しでも思いどおりにならないと癇癪を起こして周りを攻撃し傷つける。湯婆々でさえ、玩具を散々ぶつけられてボロボロにされてしまう。相手の都合や気持ちなどには頓着する気配もない。

千尋が坊の部屋に逃げ込んだ時にも、その腕をつかんで放さず、「坊とお遊びしろ」と強要する。「お遊びしないと泣いちゃうぞ。泣くとバーバが来てオマエなんか殺しちゃうぞ」と脅す。文字どおり、図体（身体）ばかりが大きく

育った赤ん坊なのである。母親に巻き込まれ一体化することによって，他者を自分の支配化に置くことが愛情確認の手段だと錯覚し，他者操作の欲求のみが肥大した子どもが，坊である。

　後に，銭婆の魔法によって太った小さなネズミの姿に変えられ，千尋とともに電車に乗って銭婆の本体と出会う旅に出かけることになる。あんなに恐れていた外の世界であったが，初めて見る世界への旅は，坊に，自分の足で歩くことの喜びを知る道を開き，銭婆のもとで糸車を回す体験が，人の役に立つ自分を確認できたことから生まれる人生の充実感を，教えることになる。

　自分のことしか考えられなかった，内弁慶で引きこもりの家庭内暴力児も，本当は，自分の足で外の世界を歩きたがっている。本当は，他人の役に立つ自分になろうとしている。坊の旅は，内在化されていた，こうした自己変革への思いを実現するためのものとなっていく。家庭内暴力の子どもが親に向ける攻撃性の背後には，必ず，親としての役割を果たして欲しいとの切実な欲求があり，本当の願いを汲み取って欲しいという甘えの気持ちが隠されている。暴力で親を屈服させ，謝罪の言葉を引き出したいのではなく，自分の力が発揮できる道筋が作りたいのであるし，自分が必要とされる場所へ出て行きたいのである。「本当にやりたかったことはこれだろう」と，導いてくれる親が，本当は欲しいのである。自分の本性や本質を理解して形を与える，という魔法の力を，どこかで期待しているのである。この魔法は，子どもを思ってその現実を見つめる親にとっては，本来，難しいものではない。

　坊もまた，千尋の心の一部である。「誰かから必要とされる自分でありたい」という願いは，主人公の千尋のものである。ゆったりとした時間感覚のなかで自己の力を試す機会を与えられ，「ありがとうよ。おかげで助かるよ」の一言をかけられたことで，見知らぬ他者との交流を怖れる気持ちが薄らいでいく。力づくで上から支配している関係でないと不安だった坊が，安心して外の世界で人とかかわることができるようになっていく。この後，油屋へ戻った坊は，自分の足で歩き，自分の意思で行動できることを，母に示して見せることになる。坊が本当に求めていたものは何であったのか，この時には，読み手にも感じられている。

■（2）カオナシ―自分をもたない異邦人―

　このストーリィのなかで，最も重要な役どころと言ってよいのが，カオナシである。どこからともなく油屋の前に現れ，雨のなか，夜陰に紛れて建物のなかへと入り込む。無表情な仮面をつけ，全身に黒衣をまとい，自分の声をもたないその姿は，永遠の異邦人である。居場所も帰るべき場所ももたないカオナシは，本質的に寂しい孤独の人である。

　千として働く千尋の親切心から油屋のなかに導かれたカオナシは，千尋に心をひかれて一体化したいと願う。自分をもたないが故に，相手の欲望を幻想の形で作り出すことのできるカオナシは，他者の欲望を取り込むことで際限のない自我肥大を起こす存在である。夜中の浴室で，青蛙に金を出して見せ，青蛙が飛びついた瞬間，仮面の下の大きな口に呑み込んでしまう。それから，青蛙の声を借りて，金をばら撒きつつ，際限なくご馳走を食べ散らかし，気に入らない相手を呑み込んで，見る見るうちに身体ごと巨大化していく。

　山のようなご馳走と3人もの人を呑み込んで大きく膨れ上がったカオナシが，大広間に千尋を呼び込んで迫る。

　「金を出そうか。千は何が欲しいんだ。なんでも言ってごらん。」

　千尋が答える。「私の欲しいものはあなたには絶対出せない」と。

　「お家はどこなの。お父さんやお母さん，いるんでしょう。」

　重ねて尋ねる千尋の前で，カオナシはうめき始める。

　「いやだ……いやだ……さみしい……さみしい……」

　そんなカオナシの口に，千尋は，川の神様からもらった霊薬の「ニガダンゴ」を投げ入れる。そのとたん，呑み込んだものを吐き戻し，怒り狂って千尋を追いかけ始める。そのまま油屋の外へ出た千尋を追って，もはやすべてを吐き出してすっかり元に戻った，存在感のないカオナシが従う。千尋は，釜爺にもらった電車の切符を使って銭婆の家をたずねる旅に出るのだが，カオナシもおとなしく同行する。

　自分をもたないがゆえに限りなく凶暴化するカオナシもまた，千尋の一部分である。周りの人たちとの間に埋められない慢性的な違和感を抱きつつ，相手の欲望を汲み取ることばかりに神経をすり減らすような生き方をする者である。愛されたことがないため，相手が真に求めるものは分からない。そのため，相

手への気遣いはいつか「こんなに気を遣ってやっているのになぜ言うことを聞いてくれない」あるいは「こんなに自分が求めているのにどうして応えてくれない」という形の怒りと憎しみを膨らませる。そんなカオナシの元の姿は，語るべき自分をもてない，無力感と空虚感の塊である。

　このカオナシもまた，銭婆と出会う旅に同行し，銭婆の家でキッチンテーブルに着き，一皿のショートケーキと一杯の温かな紅茶をもらって満足する。かりそめの形ではあっても安心できる一家団らんの体験がそこにはある。金の力でかき集めた豪華な料理を孤独のうちにむさぼるのではなく，黙って座っていても自分への気遣いが感じられる時間と空間がそこにはある。カオナシも本当は，そのような，あるがままの自分でいられる居場所を求めているのである。

　千尋が帰る時には，銭婆から「お前はここにいて私の手助けをしておくれ」と言われてうれしそうにうなずいてそこに残る道を選択する。人とかかわり，求め合い助け合うことによって，自分のあるべき姿は見えてくる。カオナシも，そのようにして次第に形を現してくる本来の自分の姿を，知りたがっていたものと分かる。

■（3）ススワタリ―生のままのエネルギー―

　ススワタリは，生のままの子どもの発達エネルギーと言ってよい。宮﨑駿のアニメには，形を変えてよく登場する。特定のキャラクターや明確な意味の形態をもつ以前の，エネルギーの塊とも言える。放置すれば暴走の危険性も高いが，このアニメのなかでは，釜爺という父性原理のコントロールの下にあって，その仕事の手伝いをして楽しそうに生き生きと躍動している。ここのススワタリたちは，おかれるべき場所を得て，その特性が活かされているのである。

5. 子どもの心を育てるもの

■（1）湯婆々と銭婆―引き裂かれた母性―

　湯婆々と銭婆とは，双子の魔女である。なぜだかお互い気が合わず敵対的な関係にある。湯婆々は油屋の支配者であり有能な経営者である。一方，銭婆は森の奥の一軒家に棲む心優しい世捨て人である。二人の生き方は対照的である。

5. 子どもの心を育てるもの

　湯婆々の魔法は，相手を支配し，自分の思うとおりに動かそうとする魔法である。お金をもうけるため，油屋をうまく経営することが，行動の軌範となっている。「速く」「効率よく」行動する能率と経済性を相手に強要し統制する。「お金の原理」あるいは，「経済とビジネスの原理」を体現する母性である。

　対する銭婆の魔法は，相手のなるべきものに相手の姿を変える類の魔法である。ゆるやかな時間の流れのなかで，相手を急かさず，真になりたがっているものに変身させ，本当に求めていることをさりげなく実現する，という母性のちからのなせる魔法である。「いのちの原理」あるいは「自己実現と子育ての原理」を体現するものと言える。

　湯婆々は，一人息子の坊を溺愛しているかに見えるが，銭婆の魔法によって坊に姿を変えた替え玉に気づかない。「まだ分かりませんか。大切なものがすりかわったことに」と，ハクに指摘されて初めてそのことに気づく。子どもの姿を本当には見ていない，あるいは本当の子どもの姿を見ていない。母にとって都合のよい姿を，子どもに求めて押し込めていただけである。

　子どもの精神科医で母子精神保健の第一人者である渡辺（2000）は，家庭内の子育て機能のなかにこうした経済原理が入り込んできたことによって本来の子育て原理が侵食されてきたことを指摘しているが，この映画はそのことを見事な説得力で示していると言える。「子ども自身の姿をよく見る」という，子育ての基本原理が忘れられ，特定の画一化された枠組みに子どもを当てはめて安心するような子育て状況が，今の日本には蔓延している。

　湯婆々の子育ては，ある意味で，現代という時代のなかで子育てする母親が陥りやすい罠の存在を示唆している。湯婆々と銭婆に引き裂かれるという母性のあり方こそが，多分，現代の子育て事情を反映している。内心では，子育てと仕事との間で葛藤しながら，結果的にいのちと子育ての原理の方が後退していく。時間を気にして「早くしなさい」と子どもの発達を急かし，競争原理に動かされて「○○ちゃんを見なさい（見習いなさい）」とよその子どもと比較をして傷つけ，「勉強したの」と自分の不安で子どもを追い詰める。そうして心のどこかで，あるいは夜になって子どもの寝顔を見ながら，我に返ったように後悔し反省しつつも，日々のそんな状況から抜けられないまま葛藤を深くする。こうした母親の内面が，このストーリィの大きな主題の一つになっていると思

われる。現代の母親は，母性の機能が二つに引き裂かれるような状況を，心に抱えて生きることになる。

　一歩進めて考えれば，このことは個人としての母親の問題ではない。子どもたちの生活場面全体のなかに，いのちと子育ての原理が見つけにくくなっているという，私たちの暮らす社会全体の抱える問題なのである。「今のままの自分でよいのか」「どういう自分になればよいのか」「自分の居場所はどこにあるのか」「自分はここにいてもよいのか」「自分の存在は本当にだれかから喜ばれているのだろうか」「自分は人から必要とされているのだろうか」こういった疑問が，今，子どもたちのなかで答えを求めて渦巻いていると言ってもよい。

　それに向き合う大人としての私たちは，「目の前の子どもの本当の姿を見失ってはいないか」「この子どもがどんな大人になればよいのか，という納得のいくモデルを示すことができているのか」と，それぞれが自らに問い直す必要がある。あるいは，それ以前に，自分の言葉が言葉としてまだ形になりきっていない彼らの前で，私たち自身は自分の言葉で語っているのかどうかを，問い直してみる必要があるだろう。

　この母性の二面性の話を，私の講演を聞いた母親から聞いた女の子が，「いいお母さんに出会うのは大変なんだ」と感想をもらしたという。実際，銭婆に出会うには，覚悟の旅に出かけなければならない。自分の力で心の奥を見つめる孤独な旅である。アニメのなかでは，街灯が道案内をしてくれるのだが，そうした思わぬものの手助けを得て，ようやく出会うことのできる相手である。思春期に，そうした健全な，本来の母性と出会うことができれば，そのイメージは子ども自身の心に内在化される。いのちの原理を，自己の行動原理として取り込むことになるのである。

■(2) 釜爺─意識の最底辺にいる父性─

　釜爺は，油屋の最底辺にいて風呂の釜を炊き，薬湯を調合する職人である。伸縮する6本の手を自在に操り，黙々と自分の役割をこなす熟達の技能者であり，油屋を，その仕組みの最下層で支える地味な存在である。その姿は，日ごろ，子どもの目に触れることがない。子どもは，その仕事場まで降りていって初めて，その実像を知ることになる。子どもの目には直接触れることのない職

場で働き，家という子育ての現場では影の薄い，現代の父親の姿を象徴するようである。頑固に自分の仕事と生き方を守る偏屈者に見えるが，職場でのその行動原理は明確で揺らぐことがない。実体が分かってくれば信頼できる存在なのである。社会的な行動のモデルとして，子どもに行動規範を与えるものとなる。

事実，千尋が迷い込んできた前半の場面では，湯婆々との交渉に道を拓いている。また，さらなる旅への出発にあたっては，銭婆の住む「沼の底」駅への電車の切符を与えてアドヴァイスを与える役割を果たす。ある意味ここで取り組もうとしているものは，子どもと一体化して操作しようとする母親的なものからの離脱の課題であるため，そこで異質な価値観の存在と社会参加への道を示す父性の介入は，重要な役割を果たす。同一化した価値規範を共有する母子連合を破る最初のきっかけは，異質な行動規範をもたらす「父の声」なのである。異質な行動原理を受け入れる拡がりが，心の器に生まれることが，社会参加の基礎となるからである。

旅立つ千尋を見送って，釜爺は「いいなあ，愛じゃよ，愛」とつぶやく。このことは，子どもが自分自身になるための旅立ちの動機を，釜爺が確かに理解していることを示している。子どもの成長を見通す安定した眼差しこそが，本来の父性機能の中核である。母性の「守り」に対して，父性は「導き」がその機能の本質である。

■ (3) 頭―見てくれだけの父性―

湯婆々の部屋には，達磨落としのようなオヤジ頭が同居している。頭だけの存在で，つねに三つがセットになって「オイッ，オイッ」と声を出しながら移動している。来訪者には好奇の目を向け寄って行くし，異分子はしゃにむに排除しようとする。行動に一貫性がない。坊が留守の間は，坊になりすまして代役を務める。一応の存在感はあるが，役には立たず，言葉もないので何を考えているのか分からない。立場的には，坊にとっての父性役割にあたるのだが，母子の一体化を切断するという父性本来の機能を果たすことはない。子どもと同じレベルで母の愛を争う子ども代理の機能をもつに過ぎない。

湯婆々のような操作性の高い母性が支配する家族の構造を支えるものの一つ

が，このオヤジ頭に象徴される，見てくれだけの父性である。父性の存在感が薄いから支配的な母性の機能が優勢になるのか，母性の操作性が強いから父性が機能不全を起こすのか。これは，どちらが先という因果関係で説明すべきものではない。相互作用によって生まれる家族構造の問題だと捉えておくことが妥当であろう。

いずれにせよ，湯婆々と頭との間には，対話がない。どうして，何のために二人が同居しているのか，子どもには不明である。母と一体化した子どもの目から見れば，むしろ邪魔な存在である。存在が邪魔だという点では，頭から見た坊もまた同様である。ネズミになった坊を逸早く潰してしまおうとしたことにも表れている。母と子と父との三角関係を見れば，前エディプス葛藤の構図と言える。後に第4章で詳述するが，子どもの虐待を産みだす構造の一つの典型である。

6. 大人になるということ

(1) 真（まこと）の名前を知る

宮﨑駿はインタヴューのなかで，この作品が後の章で論ずることになるル＝グウィンの『ゲド戦記』やプロイスラーの『クラバート』（Preußler, O., 1971）といった欧米の優れた児童文学から「発想のきっかけをもらっている」ことを語っている。たしかに，「真の名前を知る」ことが本来の魔法の力であるというのは『ゲド戦記』の主要なモチーフであるし，「愛を知ることによって，支配する親的な存在と対決する力を得る」というのは『クラバート』の主題でもある。

この映画のなかでもまた，名前が重要な意味をもっている。千尋が油屋のなかで自分自身を失わずにいられたのは，「千尋」という自分の名前を忘れなかったためであるし，それは，友達からもらった花束に添えられたカードに記されていた名前のおかげである。それまでさほど大切だとは思いもしなかった現実世界の人とのつながりが，ここでは決定的な役割を果たして千尋を救うことになる。

また，この映画のクライマックスは，千尋が啓示的にハクの「本当の名前」を知る場面である。千尋が幼い時に自分を救ってくれた川の記憶を取り戻すの

6. 大人になるということ

である。「あなたの本当の名前は琥珀川」と告げた途端に，竜であったハクの全身のうろこがはがれ落ち，琥珀川の聖霊であるハクの本性が現れ出る。千尋のなかの，人を愛する心が形を現した時である。自分自身がこれからなるべき姿に気づいた時と，言ってもよいであろう。

千尋自身が，それ以前より一層の深みをもって，自分の真の名前を知ったことを示している。それは，世界を構成するさまざまなものたちとのつながりのなかで生かされている自分の姿，と言うことができる。

精神分析の始祖であるフロイトが，人生の目標を聞かれて「愛することと働くこと」と語った話はつとに有名である。大人であるための条件，と見ることもできよう。それは，自身の生きる意味と生きている場での役割とを知ることが，人生の本質を知ることである，という意味だと理解することができる。ここでいう「真の名前を知る」ことと，根底ではつながってくる。

「愛すること」とは，人と求めあい支えあって生きることであり，生きていることの意味を知る道を拓くことである。嫌われることに怯え，傷つくことを恐れて，相手の期待を先取りしようとして自分を失うのではなく，自分自身になっていく安心感と充足感を知ることにつながる体験のことである。千尋が，両親への思いや，"現実世界ではまだ見ぬ誰か"であるハクへの思いで，行動に駆り立てられるうちに気づいていく，子どもの頃には馴染みの薄かった感情体験のことである。

「働くこと」とは，今いる社会のなかで，自分に与えられた使命を知り，その役割を果たすことで自己実現を目指すことである。そのことの尊さを知ることは，この映画では自己内の欲望の象徴である「金」にこだわる危うさを知ることでもある。金の代わりに信じられるものを自分のなかに見定めておくことが，思春期モーニングの課題を越えて大人になることの一側面である。そうしてようやく，「働くこと」の真の意味が見えてくる。大人の社会に幻滅し，働くことの意味を感じられない子どもたちに，大人になって働くことの意味の奥深さとともに，将来への希望と展望を与える可能性が，この「真の名前」に象徴される主題には潜在している。

自分の真の名前を知った者は，他者の真の名前をも知る者である。ハクとともに湯屋へ戻った千尋に向かって，湯婆々は最後の課題を出す。12匹の豚のな

かから自分の両親を見つける課題である。この課題にしくじれば、元の世界に戻れないばかりか、両親は肉にされてしまう。そうしたプレッシャーにもかかわらず、千尋はたやすく正解を見出す。

子どもが思春期心性を抜ける時には、理想化が崩れて部分対象に断片化されていた両親像が、生きた全体対象として再統合されてくる。そのような形で正しく両親の姿を受け止めることができるようになることは、自分の否定面を両親像に重ねて攻撃的になっていた心が、自己肯定感の回復とともに優しさと穏やかさを取り戻すことである。

■（2）受け身から能動へ

大人への発達の道筋を示す、今一つのテーマが能動性の獲得である。「守られていることが当然、いつか誰かが救ってくれる、自分のことを愛しているならなんとか思いをかなえて欲しい」という発想から抜けられなかった子どもの千尋が、自分が「守るもの」「救うもの」「愛するもの」の側に立とうとしたときから、急に大人っぽい表情を見せるようになる。「自分が両親を助ける」と決めた時から、受け身だった人生への態度が、主体的に自分の人生を生きようとする能動的な姿勢へと変わる。ハクのお握りを、涙を流して食べた時が、その転機である。

今時の子どもたちにとって、この能動性の獲得は、思いのほかに困難な課題であることを、日々の心理臨床の実践から感じている。身体感覚が希薄で、そのため、自分のからだを生きているという実感の乏しい子どもたちが、青年期の若者をも含め数多くいる。そのことは、「自分の感情がよく分からない」とか「自分の意志や考えがもてない」という状態を、子どもたちのなかに作りだしている。

『千と千尋』を見て、「別に」「何にも感じなかった」という感想を述べる一部の若者たちのなかには、こうした失感情・失身体感覚の状態にある者が含まれていると見てよい。『千と千尋』にはまる子どもたちよりも、むしろこちらの方が病理としては重い。ファンタジーへの感受性を育てること自体が、課題になるからである。

また、両親との関係性が薄く、両親像がはじめから理想化を許さないほど

崩れている場合も，ここでいう思春期課題には届かない。その子どもたちには，もっと別の物語が必要になる。

■（3）大人になることの難しさを知る

　ここではとりあえず，子どもの状態から抜け出すことを「大人になる」と言い換えて論を進めてきた。それは，「真の大人になること」という視点とはまた別物である。「大人」という言葉の定義は，いくらでも可能だからである。

　それについては，たとえば，エリクソン（Erikson, E. H., 邦訳 1977, 邦訳 1980）が示した成人期・壮年期・熟年期の発達課題についての理論もあれば，『大人になることのむずかしさ』（河合，1983）というそのものズバリのタイトルを付けた河合隼雄の優れた著作などもあり，なかなか簡単にはまとめきれない課題である。また，ここでの主旨から外れていくことにもなり，この問題は既存の成書に譲りたい。

　しかし，そこまで考えを拡げなくても思春期心性を脱して「大人になる」こと自体が，大変な課題である。私自身が達成しているか，と問われれば，厳密には達成できていない，と答えるしかない。

　心理臨床の実践を通じて，たとえば，障害の子どもたちとのかかわりを通して，「守ることが守られること，癒すことが癒されること，支えることが支えられること」であると，知らされてきた。臨床の場での人とのかかわりは，「癒すこと」と「癒されること」は表裏一体であるし，「育てる」つもりで「育てられる」ことがつねである。そのことに気づいているかどうかが，むしろいつでも問われている。そのことを忘れないでいられるスタンスに立つことを，日常の人間関係でも心掛けたいと思ってはいるが，それもまた，難しい。つねの人間関係は，あらぬ期待をしては裏切られたと思い幻滅する，という無限サイクルの繰り返しのようですらある。

　さまざまな意味において，現代は「大人になること」の意味があいまい化されている時代である。評判の映画でも，人気のテレビドラマでも，話題のコミックスでも，ここにまつわる主題をもつものが多く見られる。そこで扱う課題の内容も，比較的幅広い発達層にわたっている。「仕事上の責任を果たすこと」「組織のなかで自分らしさを貫くこと」「生きることの支えや自信を作るこ

と」などに関連する主題が，それにあたる。「大人になる」なり方が多様化して複雑になってきたせいかも知れない。私自身は，「魔法の力をもつ指輪」を捨てることの意味を噛みしめるため，『指輪物語』(Tolkien, J. R. R., 1954a・1954b・1955) の世界に入り込んでみよう。今は，その途上にあるような年代に入っているのだから。

文　献

エリクソン, E. H.　仁科弥生（訳）　1977　幼児期と社会 I　みすず書房（Erikson, E. H. 1950 *Childhood and society*. New York: W.W. Norton & Company.）

エリクソン, E. H.　仁科弥生（訳）　1980　幼児期と社会 II　みすず書房（Erikson, E. H. 1950 *Childhood and society*. New York: W.W. Norton & Company.）

河合隼雄　1983　大人になることのむずかしさ―青年期の問題―　岩波書店

キューブラー・ロス, E.　鈴木　晶訳　2001　死ぬ瞬間―死とその過程について―　中央公論新社（Kübler-Ross, E. 1969 *On death and dying*. London: Routledge.）

小此木啓吾　1979　対象喪失―悲しむということ―　中央公論新社

小此木啓吾　1998　青年期における mourning とその病理　思春期青年期精神医学　5　pp.85-102.

小此木啓吾・深津千賀子・大野　裕（編）　1998　心理臨床家のための必携精神医学ハンドブック　創元社

プロイスラー, O.　中村浩三訳　1985　クラバート上・下　偕成社（Preußler, O. 1971 *Karabat*. Würzburg: Arena Verlag.）

トールキン, J. R. R.　瀬田貞二・田中明子訳　1992　新版・指輪物語 1・旅の仲間上・下　評論社（Tolkien, J. R. R. 1954a *The fellowship of the ring*（*The first part of the lord of the rings*.）London: George Allen & Unwin.）

トールキン, J. R. R.　瀬田貞二・田中明子訳　1992　新版・指輪物語 2・二つの塔上・下　評論社（Tolkien, J. R. R. 1954b *The two towers*（*The second part of the lord of the rings*.）London: George Allen & Unwin.）

トールキン, J. R. R.　瀬田貞二・田中明子訳　1992　新版・指輪物語 3・王の帰還上・下　評論社（Tolkien, J. R. R. 1955 *The return of the king*（*The third part of the lord of the rings*.）London: George Allen & Unwin.）

渡辺久子　2000　母子臨床と世代間伝達　金剛出版

第3章

心の傷の癒され方
―『ハリー・ポッター』とトラウマの時代―

1. 社会現象としての『ハリー・ポッター』

　20世紀末のイギリスで，少年・少女に向けたファンタジー小説"Harry Potter and the Philosopher's Stone"(Rowling, J. K., 1997)が出版されると，たちまちのうちに世界的なベストセラーとなり，無名の新人であったローリング(Rowling, J. K.)は一躍，時の人として注目されることになった。わが国においても，『ハリー・ポッターと賢者の石』(J. K. ローリング作)との邦題で1999年に刊行されると同時に爆発的な売れ行きを見せた。活字嫌いとされていた小学生すらもが熱中したこの本の登場は，長期的な出版不況を一時的にでも救ったとされるほど，大きな広がりをもった社会現象となった。

　このシリーズは，第7巻まで継続され，2007年に完結した(Rowling, J. K., 1997, 1998, 1999, 2000, 2003, 2005, 2007)。邦訳は，おおむね1年遅れで刊行されており，第7巻は2008年に発売されている。また，映画化も少し遅れて進行し，2011年に完結した。しかし，ここにきて，さすがの熱狂も冷めてきたようにも思えるが，それでもなお関連本や関連グッズ，またインターネット上の関連サイトは，それこそ無数にあって，人気の高さと根強さを示している。その主たる読者層は，小学校から高校までの10代の子どもたちであると見られるが，その年代において，世界的な広がりのなかで，共通に抱える心の課題が何なのかを，この作品の内容が示唆している。言うまでもなく，このストーリィへの没入は，この課題と取り組みその病理性から抜けるための道筋の模索とも言えるため，視点を変えれば，個々人のレベルでは，心の課題解決のうえでの示唆を求める動きと，見ることもできる。ここで，暗黙のうちに求められた心の発

達を導くストーリィ，すなわち子どもたちの求めたナラティヴはどのようなものであったのか。この章の主題は，その点について検討することにある。

2．この物語の構成

(1) 概　要

　この物語の主人公のハリー・ポッターは，幼くして両親をなくしてロンドンの叔父さん一家に預けられているが，実は，魔法使いの血を引く少年である。母親の妹であるペチュニア叔母さんと，その夫バーノン叔父さんの家では，実子のダドリーとの差別が激しく，虐待まがいの待遇を受けている。そんなハリーが10歳を迎えた時に，魔法学校からの入学案内が届けられ，ハリーは本来の自分の姿を知り，魔法使いとしての教育を受け始める。

　魔法学校では，尊敬する校長ダンブルドアと出会い，親友ができ，さまざまな人たちやゴーストたちとも知り合い，次第に経験を積みながら成長していく。同時に，強大な敵である闇の魔法使いヴォルデモートの存在を知り，自分との深いかかわりや，両親との間の確執についても知るようになる。何度かの対決を経て，二人は宿命的な戦いへと導かれていく。

　この間に，いくつもの冒険を重ね，多くの出会いと別れを体験しながら，ハリーは魔法使いとして成長していく。作者が当初考えた計画では，魔法学校を卒業する7年間がそれぞれ7巻の物語に分けられ，1年に1巻ずつ出版されて，読者は，ハリーと成長過程を共有できるという仕掛けが準備されていたとされる。しかし結果的には，第5巻以降の執筆に手間取って2年あるいは3年間隔になり，予定よりも遅れて物語は一応の完結を見ることになる。最終第7巻は，最終学年になったハリーが学校から離れて展開する戦いで，敵と味方が入り乱れた激闘のなかで，ハリーはヴォルデモートと1対1の戦いを制して相手を倒すことになる。その後，ジニーと幸せな家庭をもったハリーが，ハーマイオニーと結ばれたロンの家族と仲良く子どもたちを魔法学校に送り出す場面で，物語は終わる。

■ (2) 登場人物

　物語の進展に伴って，学校内に留まっていた人間関係が，社会的にも拡がっていき，多彩なキャラクターが次々に登場してくる。はじめは，マグルすなわち人間であるダドリー一家のほか，ホグワーツ魔法学校の教師や生徒とそのペットたち，学校に棲むホグワーツゴーストや肖像画が主軸であったが，そこに卒業生や魔法省という役所の職員がからみ，魔法界全体に波及し，さらにはマグルの世界をも巻き込んだ戦いへと発展していくため，登場人物とキャラクターは，名前の挙がったものだけで200を超える。

　今回の議論に関係の深い主なもののみを，その心理的な意味づけと合わせて整理し，次に示す。

　ハリー・ポッター：この物語の主人公であり，意識された自己の中心イメージ，すなわち中核自己と言ってよい。額の稲妻傷，理想的な両親イメージの喪失，マグル（人間）世界への違和感，などに注意をしておきたい。

　ロン・ウィーズリー：ハリーの同級生で一番の親友でもある。主人公のもう一つの自己イメージと，捉えられる。愛情あふれる家族をもっているが，その中ではあぶれものである。最終巻でハリーと結婚するジニーは，ロンのすぐ下の妹にあたる。

　ハーマイオニー・グレンジャー：やはり同級生の女の子で，ハリーを含めロンと3人で行動することが多い。同じくもう一つの自己イメージと思われるが，作者自身に最も近いと言ってよい。魔法の世界では半端ものだが，学業で頑張っている。

　ポッター夫妻（ジェームスとリリー）：ハリーの本当の両親で，喪失した理想の両親イメージとして，鏡の中（自己愛の世界）でのみ出会うことができる。

　ダーズリー夫妻（バーノンとペチュニア）：ハリーの育ての親で，同胞（ダドリー）ばかりを可愛がる歪んだ父性と母性のイメージを担っている。ハリーが魔法界（現実逃避）に行くことを嫌悪し，大人の論理と規範を一方的に押し付ける存在でもある。

　ダドリー・ダーズリー：ダーズリー家の実子で，ハリーにとって同胞葛藤の焦点となる。ハリーの眼からは，両親の愛情を勝ち得た勝利者に見える。ハ

リーに対して攻撃的であるが，ハリーもまた潜在的な敵意を抱いている。

　ルビウス・ハグリッド：ホグワーツの森番であり，ハリーの強力な味方となって，魔法界への導き手となる。巨人族の生き残りで，竜や怪獣など（子どものあふれる生命力となる攻撃衝動）に親和性が高く，教師としては不適格とされた。

　アルバス・ダンブルドア：ホグワーツ魔法学校の校長であり，ハリーの最大の理解者であり守り手である偉大な魔法使いとして，重要な存在である。理想化された老賢人のイメージであったが，第6巻で，スネイプによって殺される。しかし，その死の背景には，ダンブルドアの計算があった。

　ホグワーツの教師たち：ミネルヴァ・マクゴナガル，セブルス・スネイプをはじめとする魔法を教える教師たちは，誰が敵で誰が味方なのかがわからない人たちである。担任のマクゴナガルは厳しいがハリーのクィディッチの才能を見出し，スネイプはハリーを憎みながらも守っていたが，ダンブルドアの死後はホグワーツの校長におさまる。ハリーの最大の敵の手先は，いつも教師のなかにいる。

　ホグワーツの生徒たち：生徒たちは，入学時に，帽子によって4つの寮に分けられる。ハリーの所属する愛と勇気のグリフィンドールのほか，ハリーに敵対するドラコ・マルフォイのいる偉大なる者への道が開かれるスリザリン，それにハッフルパフとレイブンクローとがある。

　ホグワーツの卒業生たち：両親と同級生だった卒業生たちのうち，シリウス・ブラックやムーニーは，ハリーの親代わりの庇護者となるが，闘いのなかで，ハリーを守って死んでいく。また一方では，両親と敵対し，憎んでいたものたちもいることが，次第に明らかになっていく。

　ヴォルデモート：「例のあの人」と呼ばれる闇の大魔法使いで，ハリー最大の敵である。蛇の本性があり，ハリーのものと一対になる魔法の杖を持ち，ハリーにはヴォルデモートの接近が傷のうずきで分かる，など，ハリーと共通点も多く，ハリー自身が創り出し，抱えることとなった「影」の象徴と考えられる。始めは実体をもたない曖昧で不鮮明な存在であったが，ハリーが14歳の思春期を迎える第4巻で，実体をもった存在としてたち現れ，現実的な脅威となる。その後は，ハリーを守る人たちを次々と殺しつつ，世界を闇の力で支配

する道を進んでいく。その正体は、トム・リドルというホグワーツの卒業生であったことが次第に分かってくる。最後は、ハリーとの直接対決によって倒される。

■(3) この物語が問いかけるもの

　この物語の主題は、自己の心の「影」との戦いという、古典的とも言えるものである。心の影すなわち無意識は、人間が生きるうえで自我にとってつねに最大の脅威である。それとの付き合い方は、多くの神話や昔話、おとぎ話、児童文学をはじめとするファンタジーの重要なモチーフやテーマとなってきたことは、よく知られている。

　ハリー・ポッターのシリーズが、現代の子どもたちの共感を呼んだ理由の一つは、その影を生み出す背景にある心の傷、すなわちトラウマの中身に関するものであったと思われる。後に詳しく論ずるが、ハリーの受けたトラウマは、同胞葛藤を軸に展開する親からの心理的虐待によるものと考えられる。加えて、トラウマをケアする場となるべき学校や、その担い手である教師との関係が、子どもにとっては「期待すると裏切られる」という性質のものである。この両方、ないしはいずれかに共鳴した子どもたちが、現状から抜け出すための道筋や打開策を求めて、この物語に没入したとしても、何の不思議もない。時代を超えた心の発達課題であると同時に、逃げ場が失われた状況にあるという点で、きわめて現代的な課題とも言えるのである。

　心の影への対処の仕方については、自我の力をつけて克服するか、自然の力に助けられて棲み分けるか、自己内のすべてを受け入れて統合するか、内省しながら共存していくか、その処理の仕方はさまざまである。

　影の象徴である「悪」を倒して伴侶を得ることで自我を構築する、という図式は、典型的な欧米型の成長モデルである。この場合の自我理想は、不屈の意思をもった英雄のイメージとなる。ハリーはある意味で、新しい英雄イメージを提供しているとも言えるが、基本パターンは英雄誕生までの成長ストーリィであり、現代社会において、この型の自我理想を追求することには限界がきていることもまた、多くの識者によって指摘されている。

　そのため、従来型の物語の結末とは違った形の展開と結末が期待されたのだ

が，結果的に，その期待は裏切られることになる。最終巻を読み終えて，自分の内なるトラウマへの向き合い方について，真に有効な道筋を示されなかったと直感する子どもは，多かったことだろう。

トラウマケアを求めて読みふけったであろう子どもたちの目線から，この物語が投げかけた心の課題と，提供すべきであったストーリィのあり方について，次に検討する。

3. ハリーの体験する世界

(1) 額の傷が示すもの

ハリーの額の稲妻傷は，トラウマの象徴であると考えられる。この傷は，1歳の時に，ヴォルデモートの襲撃にあって両親が死んだ時に，両親が身を挺してハリーを守り，その傷によってヴォルデモートの力を奪うことになったという因縁の傷である。つまり，理想化された両親のイメージを喪失した時に付いた傷である。そして，その傷自体がハリーの存在価値を示し，ハリーを救うことになる。このパラドックスは，トラウマによる症状形成が，心の解体を防ぐ自我防衛の機能をもつこととも，意味が重なるものである。

だとするならば，1歳のハリーの身に起きたことは，第2子の出生による，愛を独占する立場の喪失が大きく関係しているものと想定できる。第2子ばかりが可愛がられているように見える，という第1子の体験内容の機軸は同胞葛藤であるのだが，親の過剰な「お兄ちゃん扱い」と「下の子の偏重」は，子ども目線からすれば一種の心理的虐待とも言える。虐待とまでいかない場合でも，2人同胞の上の子に親代理の役割を押し付ける，という状況も，上の子にとっては，自分を殺して親からの暗黙の圧力に従うことになり，やはり，自己は居場所を失い，存在の基盤が脅かされることになる。

ハリーにおいても，ダーズリー一家が否認された実の家族であるとすれば，彼らに対して強い怒りと憎しみの感情を抱いていて，その思いを直接，相手にぶつけることはできない。せいぜい，魔法の力をこっそり使って，つまりファンタジーのなかで憂さ晴らしをするくらいのことしかできない。ここでの怒りの感情と，現状からの出口が見えない閉塞感が，魔法世界の構築とその世界へ

の没頭を導き，そのなかで強大な力をもつ"影"としての闇の魔法使いを，額の傷と同時に生み出すことになったものと考えてよい。しかし，この怒りは同胞への嫉妬から派生したものであり，背後には，親への愛情欲求が潜んでいることは明白である。こうした自己内の真実の気持ちに目を向けることのなかったハリーに，自己内省が充分でなかったことは，とりあえず留意しておくべき点である。

■ (2) 世界との違和感

こうして傷つきを抱えたハリーが生きる"本当の"世界は，今いる現実の世界ではなく，魔法学校へとつながるホグワーツ特急の発着駅である9と4分の3番線の向こうに広がる魔法の世界である。こちら側にある現実の世界は，生きるための意味を失い，「自分はマグルとは違う」という，世界との異質感，違和感を増幅していく。

この違和感は一方で，「現在の親は自分の本当の親ではない」「本当の親は別にいる」という，「捨て子妄想」や「もらいっ子妄想」に代表されるファミリーロマンスと呼ばれるファンタジーと，一体的に発展していく。自己愛の傷つきを抱えた子どもにとって，自己愛を修復し，満足させてくれるものは，それ相応に理想化された，美しく優しく賢く裕福で人並み優れた力をもつ特別な存在が自分に帰属しているという内的事実である。自分もまた，特別な親の血を引く特別な存在である，と信じていたい。

このような形で構築されるファンタジーは，見方を変えれば，この世界のなかに居場所を求める切実な願いから生まれるものである。遠ざかってしまった現実感，あるいは希薄化してしまった生きている実感を，必死になって手繰り寄せようとする試みである。自己存在と現実世界との間に入ってしまった亀裂を埋める心の作業とも言える。

ちなみに，ハリーが体験している，世界との違和感や現実感の遠さは，おそらく多くの子どもたちに共有され，共感された感覚なのであろう。あいまい化されることにより表出・表現の道を失う感情や身体感覚を抱えて，向き合うことに気づかぬまま「自分がない」と悩む青年期以前の子どもが多いことは，今や周知の事実と言える。ローリングが描き出したハリーの体験世界がまさに，

その状態を的確に記述している。作者自身が，自己の心の課題に取り組むなかで浮かびあがってきたものがこのストーリィだったものと思われる。それゆえに，心の内的現実が的確に記述され，多くの共鳴者を掘り起こすことになったと思われる。

■ (3) 複数化する自己という感覚

　主人公ハリーと一体化するように行動をともにするロンとハーマイオニーは，ハリーの分身であり，自己の一部である。つまり，三人で一体なのであり，複数の自己を抱えている状態であると見ることができる。

　ハリー自身が，孤独で気弱な人間世界のはぐれ者であるように，ロンは同胞の多いウィーズリー家では上の子からのお下がりばかりを押し付けられる，どちらかと言えば邪魔かもしれないと自分のなかで思ってしまう位置にいる子どもである。ハーマイオニーは，学校では真面目で頑張り屋の優等生であるが，マグルの子であるため魔法界全体のなかでは差別されるはぐれ者である。この物語を読むほどに，ローリング自身のイメージと重なるキャラクターとも言える。

　こうした共通項をもちながら，ロンは賑やかで暖かい家族が待っている。ハーマイオニーは，勉強がよくできて頭の回転も速い。ひょっとしたらハリーもそうなれるかも知れない，なってもよいと思わせるような存在でもある。つまり，実際の自己イメージを下敷きにして，ある程度肯定できそうな自分，何かが少し違っていればなれそうな複数の自分のイメージを，統合されないままの形で自己内に取り込んだものと考えられる。

　この状態像もまた臨床相談の場面では，近年とくになじみの深くなったものである。解離性障害との連続性で理解できるものではあるが明確な症状形成をすることなく，自分のなかに何人もの自分がいて自我の統制が充分には効かない，という体験として表れることになる。つまり，無自覚のうちに，その場に応じて複数の人格特性を行動化することになっている。現実世界では，実際に「なり得る自分」や「なりたい自分」が，一つの人格に統合しきれないものとなる。自己存在のばらばら感，あるいは解体リスクを孕んだ自我が，ここでは問題となるのだが，そうした自己課題への認識は薄く，自己内の不全不安を周

囲の人間関係への不満へと転化する一方で，それを表出することなく抱え込み，溜め込んで，対象の定まらない怒りという形で噴出の時を待つ，ということになる。

　この心の病理と言ってもよい体験を，当事者側から記述すると，ハリーの体験内容になる。この苦しい状態から救われるための基盤は，自己ないしは自己存在のよりどころの確保である。言い換えると，傷の修復には，家族との関係性に代わる，信頼できて安定的な人間関係イメージの取り込みと再構築が，必要なのである。

4. トラウマケアのよりどころ

(1) 学校というところ

　ハリーは魔法学校に，新しい自己の発見と再構築の場を求めている。そして学校では，奇しくも両親と同じグリフィンドールという寮に所属することになる。望みどおりの育ちの場を得たことになる。

　ところが，子どもの目から見た学校というところは，不可思議な場所である。子どもや教師の亡霊がさまよい歩き，足を踏み入れただけで命を奪われるような危険な場所も多く，廊下や階段は気まぐれに進行方向を変えてしまう。いわば，誰の都合で決められたのかも分からないような，理解不能なルールが山のようにあり，しかもそれが予測できない時に理解できない理由によって，日々変化していくという，生活するには不自然で不自由な場所として描かれている。寮への入り口にも，見張りが四六時中付いており，入室の合言葉が設定されている。よほど油断なく通知や掲示に注意していないと，暮らしていけない場所である。そして注意を少しでも怠れば，厳しい罰を受けることになる。考えてみれば，子どもにとって理不尽きわまりない場所である。

　国を超えて，子どもにとっての学校とは，そういう仕組みになっている。そうした場面設定への共感もまた，世界的なヒットにつながったのかも知れない。

　いずれにせよ，ここで描かれる学校は，子どもが安心して自己の成長に没頭できる場ではない。はじめから情緒が安定していて，学習意欲が高く，与えられた環境への順応性のある子どものみを想定して作られた仕組みのようにすら

思える。学齢期の子どもにとって，これが共感でき納得できる場面設定なのだとすれば，今の学校は子どもの心を傷つけ，発達を歪ませる場にしかなり得ていないということになる。

さまざまな形でトラウマを抱えて，自己イメージを修復しようとして，自分を必要としてくれる，本来の意味での居場所を求める子どもは，今の時代，学校内でも少数派ではない。こうした子どもたちが本当に求めているのは，親からの「この家に生まれてきてくれてありがとう」という言葉なのだろうが，それがうまくいかない場合には，せめて，学校では自分のクラスで，「あなたがいてくれてよかった」「このクラスには君が必要なんだよ」と，言ってもらえれば，まだしも救われる気持ちになれるかも知れない。どこかでそう感じている子どもたちの心の声が，物語がブームとなった背景として想定できるように思われる。

■（2）教師の裏切り

ヴォルデモートの手先となって働く先兵は，つねに教師のなかにいる。優しくて怒ることのないような教師が，影の手先である。また，たとえば，後にダンブルドアの後を継いで校長になるスネイプ先生のように，ハリーと憎みあう関係にある教師が，実は何度もハリーの命を救う存在であったりもする。つまり，誰が敵で，誰が味方なのかが，まったく分からない種類の人たちなのである。

グリフィンドールの担任であり，ハリーのクィディッチの能力を見出す，女性のマグゴナガル先生は，信頼できそうな教師の一人であり，有能で善良な魔法使いなのだが，危機に際してはほとんど役に立つ働きをしていない。

唯一，ハリーが心から信頼を寄せる偉大な魔法使いが，校長ダンブルドアである。ハリーを教え導き，いつでも助けてくれる理解者であると思われていたが，最後に大きなどんでん返しが用意されている。つまり，ダンブルドアは，ハリーがその命と引き換えにヴォルデモートを倒すように計画していた，という筋書きである。ダンブルドアにとって宿敵であるヴォルデモートを倒すために，ハリーを死に導くことが最初から計算されていたのである。この事実に，ハリーもまた最終巻で直面する。このストーリィ最大の裏切り行為が，最も信

頼する教師によってなされる。

　この時の心の傷は，ハリーが最後の闘いを生き残ることによって見過ごされ，放置されることになる。この裏切りを聞かされた時の整理の付かない気持ちは，世界が平穏を取り戻したことによって，触れられないままストーリィは終わる。このことは，読み手である子どもたちの中に何を残すのだろう。結局は，終始敵だと思って警戒し，憎しみを向けていたスネイプのみが，誠実にハリーを守り続ける存在であったと知ることは，人を信じる気持ちを高めることになるだろうか。

　傷ついた心は，最後まで大人を信じきることなく家庭をもつことになる。そこに幸せな家庭は作られるだろうか。ハリーの子どもたちの学校生活は，充実したものになるのだろうか。このストーリィが最後にたどり着いたハッピーエンドには，大きな矛盾とわざとらしい虚構がある。つまり，心理臨床の過程のなかで起こる事実から見ると，偽りのトラウマケアなのである。

■ (3) 友情と対立

　本来，学齢期の子どもにとって，仲の良い友人と敵対する喧嘩相手とは，明確に区分できるものではない。厳しく敵対する相手ほど，予測と期待を裏切らないという意味で信じられるものである。そこにこそ，一段と質の高い信頼関係の生まれる余地があり，成熟した人間関係が展開する基盤を作ることになる。

　ハリーの体験してきた愛情も，また友情も，ハリーを理解し，同一化もしくは同質化してくる相手との間で成立するものに限られている。スリザリンの生徒たちとは最後まで歩み寄ることがない。

　友情を結ぶ友達とも，敵対する相手とも，関係の質が最後まで変わることなくストーリィは終わる。このように，敵と味方が固定化した人間関係の認知の仕方もまた，ハリーにおいてトラウマケアが，いまだ課題として未解決であることを示している。おおまかな言い方をすれば「ヴォルデモートを倒したつもりになって，背負ったトラウマが解決したことにする」というのが，このストーリィ全体の構成となっているのであり，臨床相談の現実と照合した場合，問題は未解決のままなのである。

■（4）クィディッチゲーム

　クィディッチという学校の花形ゲームのチームのなかで，ハリーは勝敗を決する最後の得点を得るシーカーというポジションを担っている。箒に乗って飛ぶ技術に優れたハリーが，その優れた才能を発揮して学校のヒーローになる場である。

　この才能を見出して，シーカーとしてチームに参加することを強く勧めたのは，担任のマグゴナガル先生である。「自他ともに認める才能」をもつことによって，ハリーは自信をつけ，積極的に行動し，自己主張できるようになっていく。学校のなかで，学習活動以外に，このような自己の優れた面を見出すことの意味は重要である。これが，学校内で自己の存在価値を確認させて，大きな心の支えになっていくからである。「自分は必要のない存在だ」「邪魔にされるからいないほうがいいんだ」という思いから脱却するうえでは，かなり重要な意味をもっている。また，その能力を磨くために頑張ることも学んでいく。

　自己イメージの重要な要素となる自己評価が，この一点に偏る場合には，自己愛が病的に肥大化する結果を生み出すが，たとえ一時的には自我肥大を起こしたとしても，傷ついた心を癒すためには，自己愛の充足される体験は必要なのだと考えてよい。

　ハリーにおけるクィディッチを例にして考えても，その後の経験を通して，一人の力の限界を知り，仲間に感謝することを覚えることで，仲間の力を信じて自分を委ね，他者を肯定する形での社会的認知の仕方を身につければよいのである。

■（5）両親と同胞

　この物語においては，理想化されていた両親の実像に迫る探索は，中途半端なまま，理想化を崩すことなく終結する。つまり，幻想のなかの両親イメージは，脱幻想の痛みを体験することなく保持される。

　そのため，現実の両親像であるダーズリー夫妻のイメージは，最後まで好転することなく終わる。つまり，ネガティヴな側面ばかりを見る，という部分対象化された認知の仕方から，ポジティヴな面もバランスよく受け入れて生身の両親像へと全体対象化された成熟度の高い認知の仕方に，発展することなく終

わることになる。もう永遠に会うことにない遠い場所に追いやることで距離をとり，理想化された両親イメージをそのまま抱えて生きる道を選ぶのである。それは，自己の現実という全体対象と向き合うことを回避して生きる道を選んだことでもある。

わずかに，同胞であるダドリーとは，和解の兆しを見せているが，それはハリーがダドリーを一方的に救うことによって生まれた，緊張関係の緩みであって，本来の和解ではない。自己内の嫉妬心というネガティヴな自己の側面を，当面は抱えて生きることに他ならない。

バランスの取れた現実的な自己を生きる，という課題自体が，未整理で未完結のままで，ただヴォルデモートがいなくなっただけという結論は，説得力をもたない。読者が暗に期待したであろう，トラウマケアの道筋は，見つけられていない。

シリーズとしてのハリーの物語を，作者のトラウマケアのストーリィをたどるものとして全体を見た時，多くの点で未解決のままに放置された心の課題が残されている。そのことが結果として，ヴォルデモートとの間での決着の付け方に集約されている。影を倒すことでしか解決できないという，期待はずれの結末になったことも，全体の構造から見れば必然的な結果であるとも言える。これまでに指摘してきたいくつかの点が，作者のなかで整理されてきたならば，戦って影を倒すという以外の道筋も見えたものと思われる。この点について，いま少し考察を深めてみたい。

5.「影」との向き合い方

（1）トラウマケアとしての「影」との戦い

ハリーの抱えた心の影は，戦って倒せるような性格のものではなく，この点については，ハリー自身の死を前提として想定していたダンブルドアの考え方がきわめて妥当である。ヴォルデモートとともにハリーもまた，死と再生の時を経て，両者が統合されるか共存するかの形で復活する，というストーリィは，内的体験の姿としては可能性のある道筋の一つである。

ただ，そのためには，脱幻想，脱理想化の痛みに耐えなければならない。理

想化した自分と親に対する幻滅と，そこから派生する抑うつの時を経てはじめて，敵対する相手の行動規範や思考方法を取り込んで，一段と大きく成長した自己としての再生が可能となる。戦いは，相手を知り，一体化を経て個別化し直すことで成長するためのきっかけとなる時に，破壊をもたらす以外の意味をもつことができる。戦って相手を傷つけたことの痛みを忘れてはならない。戦いに勝つことは，心の癒しには直結しないのである。

　ハリーの物語で考えるならば，たとえば，ダンブルドア校長の裏切りは，大きな傷つきと不信感を残すことになる。しかし，ハリーは，校長の真意を直接その耳で聴いたわけではない。スネイプ先生からの伝聞情報で事情を知っただけである。老賢人の役割を担うこの偉大な魔法使いの存在を，ハリーが自分の一部として残すことなく葬り去ったこと，あるいはその存在を心に刻んで残すことの重要さに気づかなかったことこそが，重大な錯誤なのである。それは，ハリーが今の自分を捨てることができなかったという事実が作った限界でもある。自身のその時の心の死を受け入れる覚悟ができなかった，作者自身の弱さが作った壁だとも言える。最後の瞬間に目を閉じてしまい，目を開けたらヴォルデモートが倒れていた，という結末の付け方に，心の真実を見出すことはできない。

　また別の視点で見ると，スネイプ先生を憎み続けたことが，ダンブルドアの真意を汲み取れなかった要因の一つでもある。表面に現れた行動や，語られた言葉にとらわれて，教師という使命に忠実なスネイプ先生を信じ切れないでいることは，教師との適度な距離感覚をもてていないことの証でもある。

　ダンブルドアとは一体化し過ぎて距離を失ったことが，裏切られたという認知を招く伏線となる。スネイプとは，逆に，異質な存在として排除することで，助けられていることを知りながら，信じることができない。どちらにしても，相手の真実の声を聞くことにつながらない関係性に陥っている。

　親や同胞，あるいは友人との間でも見られる，こうした距離のとり方の未成熟さは，光と影とを峻別して敵対する，という関係様式に直結する。そうなると倒すか倒されるかの決着をつけるための戦いへと進む以外に，道は見つけられない。本当は，異質なものとの統合や共存の道を探ることこそが，自己内の影と向き合う道筋を見出すことにつながる，という認識こそが必要なのである。

■(2) 光があって影がある

　心の中の光と影，すなわち意識と無意識は，同じものの両面である。どちらかを切り捨てることはできないし，いずれかを無視することは課題を先送りするだけのことになる。抱えきれない重荷は，誰かに一部を背負ってもらうか，抱える力がつくまで無関心でいるか，何らかの形でかわす術を知ることも必要ではあるが，いったん浮上した課題とは，先送りしないで向き合わざるを得ない。

　自己内の悩みと向き合って，心の成長課題を知ることは，悩みを抱える力を育てることになる。心の影とも思えるものは，抱え続けるうちにそれが実は成長を導く光であることに気づかされる。人の心の成長とは，その気づきの繰り返しによってらせん状になされていくものであろう。

　心に傷を負って苦しむ子どもたちに理解してもらいたいことは，そのような発想の仕方である。心の傷が自分を大きく育ててくれる，という自己認知ができた時に，その子の未来が開かれる。そうしたイメージを提供する良質なストーリィが，今の子どもたちには求められるものと言える。ローリングの提起した問題への答は，まだこれから描かれなくてはならない。ハリーの抱えた心の傷はいまだ癒されず，直面する心の課題は，解決の時を待っているのだから。

文　献

ローリング,J.K. 松岡祐子訳　1998　ハリー・ポッターと賢者の石　静山社（Rowling, J. K.　1997　*Harry Potter and the Philosopher's Stone*. London: Bloomsbury Publishing Plc.）

ローリング,J.K. 松岡祐子訳　1999　ハリー・ポッターと秘密の部屋　静山社（Rowling, J. K.　1998　*Harry Potter and the Chamber of Secrets*. London: Bloomsbury Publishing Plc.）

ローリング,J.K. 松岡祐子訳　2000　ハリー・ポッターとアズカバンの囚人　静山社（Rowling, J. K.　1999　*Harry Potter and the Prisoner of Azkaban*. London: Bloomsbury Publishing Plc.）

ローリング,J.K. 松岡祐子訳　2001　ハリー・ポッターと炎のゴブレット　上・下　静山社（Rowling, J. K.　2000　*Harry Potter and the Goblet of Fire*. London: Bloomsbury Publishing Plc.）

ローリング, J. K.　松岡祐子訳　2004　ハリー・ポッターと不死鳥の騎士団　上・下　静山社（Rowling, J. K.　2003　*Harry Potter and the Order of the Phoenix*. London: Bloomsbury Publishing Plc.）

ローリング, J. K.　松岡祐子訳　2006　ハリー・ポッターと謎のプリンス　上・下　静山社（Rowling, J.K.　2005　*Harry Potter and the Half-Blood Prince*. London: Bloomsbury Publishing Plc.）

ローリング, J. K.　松岡祐子訳　2008　ハリー・ポッターと死の秘宝　上・下　静山社（Rowling, J. K.　2007　*Harry Potter and the Deathly Hallows*. London: Bloomsbury Publishing Plc.）

第4章

親になるという物語の喪失
―児童虐待加害親の心理と世代間伝達―

■ 1. 児童虐待の現状

■（1）児童虐待相談の急増がもたらすもの

　児童虐待の相談件数は，この20年の間にもうなぎ上りで急増している。今や，わが国においても座視することのできない重要な社会問題の一つである。行政府にもそうした認識はそれなりにあるようで，2000（平成12）年には「児童虐待の防止等に関する法律」（虐待防止法）の制定をみている。それによって，市民の虐待通報義務が明記されるなど，それなりの成果はみられたものの，その実効性の担保されていないことが問題となっている。虐待対応に向き合う実務の現場での，賽の河原で石を積むがごとき過酷な状況は，一向に変わる気配がない。

　こうした事態は，児童相談所の仕事の内容と質とを大きく変えた。以前は，発達障害の子や不登校の子，非行の子，その親たちなどの多様な対象と向き合い，心理相談や支援などの活動を，必要に応じて幅広く行なっていたのだが，現時点では虐待対応だけで手に余る状況である。勤務時間を超えて昼夜関係なく，虐待の疑われる家庭に赴き，対話を拒否する家のドアを叩き，虐待を否認する親に事情を聞き説得し，親子を引き離す措置をしたうえで，子の収容施設を探して送り届ける。この仕事以外に何かをこなす余裕はない。心理臨床の専門性をもった職員も多くいるが，有能で経験を重ねた心理の専門職に，早期退職していくケースが多いような印象すらある。

　子どもたちの収容先は，主として児童養護施設である。情短と通称される情緒障害児短期治療施設や，以前は教護院と言われた児童自立支援施設でも受け

入れている。被虐待児が，全体の30%を超えたら，その施設の秩序は崩壊する，という議論も以前はあったが，今はどの施設に行っても虐待を受けていない子を探す方が難しい。

　養護施設から里子に行くケースもあるが，その対応の難しさに音を上げて施設に子どもを返す里親は珍しくない。施設でも手を焼くのと同じように，相手の虐待行為を引き出すようにかかわってくる子どもに翻弄されて，心身ともに疲弊してしまうようである。親にすら捨てられ，この世に居場所を失くした，と感じている子どものなかにある，絶望感にも似た深い傷つきが，どのような行動化を生むのか，その点についての正しい理解なしに子どもとかかわることには，意外に大きなリスクがある。傷つきを再現して確認し直す，という結果につながるリスクである。里親との関係だけでなく，施設にも同様のことが言える。大人から子どもに向けられる攻撃行動，つまり施設内虐待は，そのような意味で子ども自身の心が発生の起源なのである。

■ (2) 虐待する親への理解

　心理臨床の視点で虐待問題に取り組む時に，面接者が直面する特徴的な困難を，村瀬（2001）が次の5点に集約している。

　①本人や家族が自ら治療を求めて来談することは少なく，治療意欲が乏しい。
　②虐待を行なっている家族は，子どもの治療にも非協力的なことが多い。
　③転居や施設からの引き取りなどによる突然の中断が生じやすい。
　④司法，福祉，医療，教育などの関係機関の間の連携，機関内のさまざまなチームワークを適切にとる必要がある。
　⑤子どもに対する治療やケアのみでは充分ではなく，親への援助が必要である。

　つまり，問題への直面化を回避し，過剰に被害感を募らせて攻撃的になることも多く，気まぐれで枠に入りにくい親と向き合い，温度差と認識に食い違いを残していることもよくある多職種の関係者の間に入って調整することにも心を砕きながら，親が親自身の生き方と子どもとの関係を見直すための援助をするという，通常の臨床ケースとは比べものにならないほどのストレスを抱える作業が求められる。半端な正義感や，被害者への同情などは，阻害要因となる。

最後まで諦めないという覚悟と責任感，他人の子どもでも守ろうとする母性性や父性性も必要であるが，それだけでは，対応が長期化した時にはもちこたえられない。

まず，虐待する親と同じ要素が自分自身の中にも潜んでいることを知る自己内省の力が求められる。実際に当の子どもとかかわってみれば，子どもを怒鳴りつけ殴り飛ばすことなく，なお関係から逃げないでいることが，どれほどの忍耐と体力を要することかがすぐに分かる。子どもが身体ごとぶつけてくる理不尽な要求と横柄な態度を前にして，「自分がどうして，お前のためにそこまでしてやらないといけないのか」と思わずにいることは，生身の人間には不可能なことにすら感じられてくる。

ただ，かかわり手のなかに生じるこの手の感情が，実は，親子の間に起こっている葛藤的な関係性を解きあかし，正しい理解にいたる鍵なのである。子どもは，自己内に抱えきれない，葛藤として体験することもできない引き裂かれる思いを，親代わりになって欲しい相手の中に投げ込んでくるのである。セラピストの心に投入されたこの情動は，子どもが親から投入されたものでもある。親自身の内面を理解する手がかりがここにある。

村瀬は，「激しい虐待行為をする親でも，ほとんどの場合といっても過言ではないくらい，その傷だらけの恃むものもない内心の底に，かすかなうしろめたさ，そのようにしか振る舞えぬ，真の意味で自信の持てない自分に心許なさを抱いている」として，「一見，非人間的に思われる行動をする親のその深い淋しさ，悲しさ，怒りをどこまで身をそわせて汲み取れるか，われわれ援助者は，自分の器の質を常に問われている」ことに目を向ける大切さを説いている。

具体的には，親自身の抱える心理的外傷体験や，求めても援助者の得られなかった体験などの，現在の親自身の心の状態を形成するにいたったさまざまな要因への目配りが，加害親への理解と共感の道を拓くことになる。

棚瀬（1996）は，虐待再発防止の観点から虐待の発生機序の検討を行なっている。そこで，ケンペら（Kempe, R. S., & Kempe, C. H., 1978）とスティール（Steele, B. F., 1987）の指摘した虐待発生の4条件を紹介して，これらの条件がそろった時に虐待が発生することを示唆した。

①母親自身の乳幼児期における被虐待体験あるいは被剥奪体験

②子どもに対する母親の認知的歪曲
　③限界を超えた危機状況の存在
　④社会的援助の欠如

　棚瀬はこの分析を通して，虐待は母親自身の人生最早期の対人関係に深く根ざした「特定の適応反応」であるとしている。この観点に立つと，母親自身の抱えた乳幼児期からの心の課題の集積が，さまざまな社会的要因によって触発され，家族内人間関係が葛藤的に発展して虐待のプロセスが進行し，母子の相互作用のなかで抜けられない関係パターンが定着してゆく，という大まかな流れが見えてくる。

　では，このプロセスを展開させ固定させる鍵となる葛藤は，何になるのか。加害親が心の底で求めていたものは，何なのか。それらの疑問を，ここではさらに検討していきたい。

■（3）児童虐待概念と類型化について

　ところで，「児童虐待」の語は，「チャイルド・アビュース（child abuse）」の訳語として定着したものである。「ab」と「use」の組み合わせであることから，「不適切な取り扱い」を意味するこの語は，英語圏では，日本語でいう「虐待」よりも幅広い概念を含んでいる。欧米では，子どもを車に待たせて親が買い物をするといった行為すら，ここに含まれ処罰の対象となる。それだけ，よその家のことであっても子育てについての社会的関心は強く，ひとりの子どもは社会の財産であり関係するコミュニティ全体で育てるもの，という感覚が広く定着していることの反映とも言えよう。それに対して，とくに現代の日本社会では，他人の子育てについて口出しすることを避ける気分が広く浸透しており，不適切な子育てを軽く見ようとする傾向が生まれている。同じことが行なわれていても，「これは不適切である可能性がある」として周囲が介入しようとする姿勢でいる場合と，「この家のやり方もあるし，虐待とまでは言えないのではないか」と考えて関与を避ける場合とでは，社会全体の共有する常識的判断としての「虐待」概念もおのずから変ってくる。

　ちなみに，先の「虐待防止法」では児童虐待を，「親または親に代わる保護者などによる子どもの心身を傷つけ，子どもの健全な成長・発達の妨げになる行

為」と定義づけ，次の4種類に類型化して概念を整理している。

①身体的虐待：児童の身体に外傷が生じ，または生じるおそれのある暴行を加えること。

②性的虐待：児童にわいせつな行為をすること，または児童をしてわいせつな行為をさせること。

③ネグレクト（育児放棄）：児童の心身の正常な発達を妨げるような著しい減食または長時間の放置その他の保護者としての監護を著しく怠ること。

④心理的虐待：児童に著しい心理的外傷を与える言動を行なうこと。

多くの実態報告書がこの分類に基づいて統計数値を出しているのだが，たとえば，西澤（2005）は，この分類に「DV（配偶者間暴力）の目撃」の項目を加えて検討した結果，80％の虐待に2種類以上の重複が見られることを報告しており，虐待概念の整理には有効であったこの分類が，虐待のタイプを考えるうえでは適当ではないことを示している。

加えて，近年とくに蔓延してきたとの印象のもたれる②の性的虐待であるが，臨床相談の現場では，被害者自身が秘密の共有を条件に出して語ることも多く，その事実が隠蔽されやすい特質をもっている。④の心理的虐待についても，客観的事実として明確に把握することがきわめて困難であるうえ，子どもの側にも親自身の側にも，それが虐待であるという自覚が生まれにくい。つまり，それらの問題が単独で相談にもちこまれることがきわめて稀であるし，統計上の数値は得られたとしても，実態を反映するものではない。

その中で，CAPNAが1995年から1999年の5年間にわたる新聞の死亡記事から抽出した実態調査の数値は，虐待にいくつかの典型的パターンを想定させるものとなっており興味深い（子どもの虐待防止ネットワーク・愛知，2000）。

表4-1，2は，そのデータの一部を改めて抜き出してまとめたものである。この2つの表の数値から，おおむね次のような特徴を示唆することができる。

①死亡にいたる虐待の多くが両親もしくは母親の同居人によるせっかんによるものである。虐待を受ける子どもの年齢層は，2〜3歳にピークがあり，0〜6歳に集中している。資料として示されている事例を見ていくと，母親が中心になる虐待に父親が加担するもしくは見てみぬ振りをするというケースと，父親や母親の同居人が中心となりそれを母親が止めきれなかったケースとが，特

表4-1 被害児童の年齢と受けた虐待の種類

	せっかん			ネグレクト				発作的殺人			総計
	男	女	計	男	女	不明	計	男	女	計	
新生児	1	2	3	22	21	18	61	6	7	13	77
乳児	4	6	10	11	6	1	18	13	8	21	49
1歳	9	6	15	9	5	0	14	5	3	8	37
2歳	7	13	20	3	2	0	5	2	2	4	29
3歳	10	14	24	0	0	0	0	1	0	1	25
4歳	8	6	14	0	1	0	1	2	0	2	17
5歳	9	3	12	0	1	0	1	0	1	1	14
6歳	5	7	12	1	0	0	1	1	0	1	14
7歳以上	3	6	9	0	1	0	1	10	6	16	26
不明	0	0	0	0	0	7	7	1	0	1	8
計	56	63	119	46	37	26	109	41	27	68	296

『防げなかった死―虐待データブック 2001―』による

表4-2 加害者の続柄

	せっかん	ネグレクト	発作的殺人	計
母親	46	50	52	148
父親	55	15	12	82
祖母	3	0	1	4
祖父	1	0	0	1
母親の同居人	34	2	3	39
父親の同居人	2	0	0	2
その他	5	1	1	7
不明	0	35	0	35
計	146	103	69	318

『防げなかった死―虐待データブック 2001―』による

徴的に見出される。臨床経験から整理しなおすと，母親主導の場合には，おおむね身体的虐待にネグレクトが共存している。父親主導の場合には，母親の目の前での身体的虐待が中心であることが多い。この両者は，虐待の生じる心理的な構造に違いがあると考えられる。

②ネグレクトは新生児と乳児に集中しているが，新生児へのそれはいわゆるコインロッカーベイビーに代表されるように，養育能力のない親が出産直後に養育責任を放棄した，いわゆる「生み捨て」によるものである。「親になることを拒否した」あるいは「親になった事実を否認した」という点にポイントがあるものと言える。一方，乳児へのネグレクトでは，親がパチンコなどの遊興中の車中放置による熱中症での死亡事故が目につく。親の無神経・無配慮とも思えるこの行為の背後には，しばしば抑圧されたり否認されたりした，子どもへの攻撃性が想定されることも多いが，多くのケースでは虐待事件として取り扱われることなく「事故」として処理されることになる。

③発作的殺人は，おおむね２歳程度までの乳幼児に対して母親が加害者となるケースが多く見られる。いわゆる育児ノイローゼの果ての発作的行動と見られるものであるが，それが子どもの死に結びつきやすいという事実には，注目する必要がある。

このように見てくると，虐待にもいくつかの典型的パターンがあるように思われる。親の側の心の課題と，子どもの発達過程における特徴とが，相互作用的に影響し合い，発展して虐待にいたるものと考えてよいであろう。ここでは次に，いくつかの典型例と思われる虐待事例を検討することにより，加害親に対する理解と対応の道を探る。課題内容は相互に重なり合っているが，焦点となるものの違いを考えると，とりあえず次の３類型を抽出できるものと考えられる。

①０歳台の乳児に対する，主に母親による発作的暴力
②２〜３歳からの幼児に対する，両親共同の身体暴力とネグレクト
③乳幼児全般に起こりうる，男親による身体暴力

以下に，事例を挙げてこれらの虐待の生じる人間関係の構造と，心の課題を検討する。ただし，問題の性質上，実際の相談事例を提示することはできないため，マスコミ報道された事例を軸にして検討を進めることにしたい。

2. 赤ちゃん部屋のゴースト―0歳児に対する発作的暴力―

(1) 事例Aの概要

　2003年の秋，愛知県内のH市において，25歳の父親が生後4か月の長男を殺害する事件が起きた。その時の新聞報道（10月26日付け中日新聞朝刊）によると，その日，仕事が休みであった父親が長男の世話をしていたのだが，夜の8時半ごろ，自宅の居間で長男の両脇を持って床に頭を叩きつけて殺害した。母親は，まだ仕事中で帰宅は遅くなる予定であったという。父親自身の言葉として，「妻がパートで外出中，長男が泣きやまず，なぜ自分がひとりで面倒を見なければならないのかと思い，いらいらしてやった」との警察での供述が報道されている。

　その"犯行"の後，父親は長男を抱いて「おばちゃん，助けて」と，隣家に駆け込んだ。その事件以前には子どもの泣き声がとくに大きかったこともなく，虐待の形跡は認められていない。母親も「夫が育児に協力してくれる」と実家で話をしている。父親は，病院でも「自分の子どもに手を出すわけがない」と，虐待の可能性を否定する発言をし，集中治療室に子どもがいる間は24時間付きっ切りで病院に詰めた。子どもの葬儀の折には，泣き崩れていた。

(2) 密室での孤立した育児

　この事例は，親による発作的暴力と呼んでよいものであるが，父親によるこのような形の虐待は珍しい。多くの場合は，母親が乳児と2人で孤立した密室状況において生じるタイプの虐待である。母親が抑うつ状態であることもあるが，多くの場合は前兆に気づかれないまま虐待が発生し，周囲の目には予想外の事件として映る。

　この父親の場合がそうであったように，加害者本人が内に抱え込んだ葛藤や不安は誰にも気づかれない，という構造をもっている。周りの目がその点に関して無関心であったり，本人がうまく自己表現できなかったりすると，他人の目からは幸せであるはずの育児であるため，親の不安や葛藤は気づかれないし，適切に対応されることもない。しかし，ほとんどすべての母親にとって，とくに第1子の育児は葛藤的なものである。

大日向（2001）は，母親たちに孤独を強いるものとして「母性愛神話」を指摘する。それは「母親であるならば子どもが可愛くないはずはない」という，当の母親自身をも縛る価値規範である。しかし生身の母親は，その神話を完璧に生きることなどできない存在である。わが子であっても可愛く思える時も，そう思えない時もある。笑顔や寝顔には癒されていても，泣き声には怒りが生じて消し去りたいと思ってしまう。時には子どもが，自分を責めさいなむ悪魔のようにも見える瞬間も体験する。子どもに対する否定的な感情に染まる時，母親は，母親失格であるとして自分を責め，罪障感を増幅させる。本音を語ってしまえば楽になるかも知れないが，周囲からの非難を覚悟しなければならないし，それ以前に自己嫌悪に陥る。結果として誰にも語ることができない状況が母親を追い詰めていく。大日向は，「はき違えた母性愛神話からの解放」と「親自身の子ども時代の回復」の2点が，基本的な課題であると指摘し，子育て中の親を支え，親として育つための支援のあり方を提唱している。

　また，早期の母子関係に積極的な介入をする視点と手法を確立したフライバーグら（Fraiberg, S. et al., 1983）は，こうした密室の育児をめぐる葛藤を「赤ちゃん部屋のおばけ ghosts in nursery」と呼んだ。

　「問題は，親自身および親と赤ん坊とのあいだにある容易ならない葛藤であると私たちは見ている。そのなかでは，赤ん坊が，親の過去のなかの人物の代理人になったり，拒絶されたり否定されたりした親自身のある側面を表すものになったりする」という理解の視点をもつことで，乳児のいる家庭に入り込んで介入的に支援する道を拓くことになった。

(3) 母親の孤立感を癒す言葉

　「ひとりで抱え込まず，周りの人たちとつながり，助け合って生きていく関係性の構築」と「自分の弱さや未熟さを受け入れ，子どもに育てられている自分を認める柔軟性の獲得」の2点が，母子に介入する時の大きな目標である。

　渡辺（2000）は，親 - 乳幼児心理治療を説明するなかで，抑うつ状態であった母親への支援を例に挙げている。渡辺はその母親に対しては次のように言って支えようとする。

「ご主人にできるかぎりありのまま今の気持ちを伝えてごらんなさい。それで伝わらない気がするなら，赤ちゃんとだんなさんと一緒に，いつでも私のところへ話しにいらっしゃい。ご主人が聞いてくれなかったり，来てくれないようなら，まず私がいくらでもお話を聞きましょう。我慢していると，一番可愛いはずの赤ちゃんが可愛くもなんとも感じられなくなったり，しまいには，憎く邪魔みたいに感じられてきて，あなたがひとりで苦しみますよ」。

この介入をきっかけにして「誰かが私を暖かく見守ってくれている。私はひとりではない。私の怒りや苦しみには意味がある」と，母親が感じられるようになっていく過程を示している。

また，一般的に親の支えになる言い回しとして次のような表現の仕方を例示している。

「はっきりとサインを出してくれない赤ちゃんだとさぞかしやりにくいでしょうね」。
「私の知っているお母さんたちは赤ちゃんにそういうことをされると腹が立つといっていましたよ」。
「今お話を聴いて，お母さんが赤ちゃんのことでずいぶん悩まれ，ご自分を責めてこられたことが分かりましたよ」。

まず，目の前の人に受け止められ理解されたと実感できることが前提である。その関係を起点として周りの人たちとつなぐ作業が，ポイントである。フライバーグらの先駆的実践は，こうした介入を訪問先の家庭内で行なおうとするものである。

私たちが日々行なっている心理面接においても，母親がクライエントになる場合は多い。その時にも，自分でも気づかないうちに「よい母親」の役割を期待して，目の前のクライエントを受け入れていない自分に気づくことがある。橋本（2000）は，「子どもへの愛と憎しみが同居するという母性のアンビバレンスは，あらゆる母親の共通の体験である」というパーカー（Parker, R., 1995）の

言葉を引用しながら，母親面接における「子どもへの否定的感情がほとばしり出てくると子どもへの愛着も出てくるという逆説」について言及している。それは，母親という役割以外の自分を生きようとする母親の自己実現への思いを背景にしている。このように，役割だけでは生きられない生身の人間である母親の全体像に視点を定めて向き合うことができた時に，子どもへの否定的な思いも，肯定的な意味を見出しながら聞きとり，受け止めることへとつながっていく。

このような意味において，母親の話を充分に聞いて気持ちを受け止める人間関係が，育児中の不安な母親の周辺には求められることになる。できれば，妊娠中から得られることが望まれる。母親自身が，より大きな母性に包まれることによって安心することの意味は大きい。

3. 葛藤の世代間伝達
　　―両親の共同作業による身体暴力とネグレクト―

(1) 事例Bの概要

2002年10月30日に，名古屋地方裁判所においていわゆる「Yちゃん餓死事件」の判決が出され，その判決文の全文が新聞紙面にも公開された。

事件の概要は，被告である母親が，脳の外傷による知的障害をもつ4歳の長女に，適切な食事を与えず，父親と共謀して両手両足を縛って段ボール箱に入れたまま放置し，「死んでも構わない」と考えて飢餓死させた，というものであった。この放置の状態は死にいたるまでの1か月近くに及び，長女が泣くと蹴って静かにさせようとしたり，死の直前には「よう，もつね」と，なかなか死なないことを話題にするなどしており，両親の心の荒廃が印象に残る事件であった。

事件までの経緯を，判決文で追うと次のようになる。

母親は17歳で同年齢の父親と知り合い，高校在学中に未婚のままこの長女を出産した。出産後まもなく父親も就職し，2人は婚姻した。住居は社宅であったが，母親は，生まれてきた子どもの写真を数え切れないほど撮り，詳細な育児日記をつけ，家を可愛らしく飾ったという。そうするうちに，生後10か月の時，長女は突然痙攣発作を起こし，病院で慢性硬膜下血腫と診断され手術

を受けたが，発達上の障害が残った。そのため，言語や歩行などが遅れ，保健所の1歳半健診では，そのことを指摘されて恥をかかされたと，母親は感じた。その直後に長男が誕生した。父親も母親も，この長男ばかりを可愛がり，長女には拒否的になっていく。やることのすべてが苛立ちをかきたてるものとなり，しつけのためと称して怒鳴ったり叩いたりすることが増えていった。母親は，家ではテレビゲームばかりに熱中する父親に対する不満を溜めており，はけ口を求めて高価な買い物をして消費者金融からの借金を繰り返すようになった。

　死亡する4か月前には，極度にやせてしまった長女を診せに病院を受診するが，虐待を疑った医師からの入院の勧めを断っている。その後まもなくして，保健センターから連絡を受けた父親方の祖母がしばらく引き取って養育している。その間に，いたずらが子どもの正常な行動であることを知って養育について反省もして家庭に引き取ったが，母親は，祖母になついて自分を拒絶する長女にかえって怒りを感じ，じきに満足な食事を与えなくなった。以前にも増していたずらの収まらない長女に対するしつけのため，手足を縛って段ボール箱に入れ，父親もそれに同調した。そして，そのまま1か月近く放置されて長女は段ボール箱の中で餓死した。

■ (2) 母親の中の3種の赤ん坊イメージ

　スティール (1983) は，「虐待の研究では，特に虐待する者が虐待された子どもの同一化のモデルとなるために，必然的に虐待する者の超自我機能の質およびその起源と発達が極めて重要になる」として，虐待が世代間伝達されることを指摘した。

　ここで取り上げた事例の母親も，詳細は不明であるが幼少時に母親の度重なる家出によって充分な食事さえ得られない状況下で育ち，いじめにもあってきた，いわゆるネグレクトを主とする虐待サバイバーである。そのため，早く自分の家庭が欲しいと強く願い，その実現のために夫と子どもを高校の卒業を待たずに手に入れようとしたものであろう。思い描いていたのは，夢にしか見たことのない理想化された家族の姿であったことだろう。幸せな家庭を築くはずであったが，結果としては，意に反して虐待する親と虐待される子どものいる家庭を作り出してしまった。10か月時の長女の脳外傷も，母親の関与した疑い

が否定しきれない。

　こうした親との同一化の心理機制をレボビシ（Lebovici, S., 1988, 1995）は，母親の無意識における乳児イメージによって説明している。彼によれば，母親の中には3種の乳児イメージが生きているとされる。先の渡辺（2000）の解説を参考にしてまとめなおすと，次のようなイメージとなる。

　①現実の乳児 real baby：目の前にいる実際の赤ん坊の作り出す現実的なイメージ。

　②想像の乳児 imaginary baby：母親が心の中で育ててきた主に前意識の中に生じた赤ん坊のイメージ。理想化されていたり，不安が象徴化されていたりする。

　③幻想の乳児 fantasmatic baby：無意識の深いところにある幼いころの自分のイメージ。親の子どもであるインナー・チャイルドと言ってもよい。

　この事例の場合，現実の乳児と出会うことによって，それまで心に温めてきた想像の乳児イメージが崩されたものと考えられる。実際の赤ん坊は，想像していたような天使ではなく，自分の思うようになってくれないばかりか，自分を支配しようとして自分の生活のペースまでを乱す暴君にすら思える存在である。この子が約束してくれるはずだった幸せな家庭も，子どもの父親である夫の無関心により実現されそうにない。こうして想像の乳児イメージが崩れた時，幻想の乳児イメージが内なる葛藤を喚起する。この母親もまた，「良い母親」になりたくてそうなれなかった自分に失望して傷ついた。その時に喚起されることになった，親に捨てられて傷ついたインナー・チャイルドが，同じように傷ついた子どもを実際に作り出すのである。結果的に見れば，深く傷ついた長女の姿は，育ちゆく気力さえも失うほどに傷つき直した母親自身の姿である。誰も救ってくれないという思いと孤立感のなかで，絶望に打ちひしがれた小さな子どもが，この母親のなかの自己像の一つであると言ってもよい。

　救わねばならなかったものは，長女の命であると同時に，そこに象徴化された母親自身の傷ついた内なる幻想の子どもである。

　「Yちゃんもお母さんも傷だらけになってしまいましたねえ」という共感に始まり，「どんなにボロボロになっても命は幸せを求めて生きようとする強さがあるんだよってことを，Yちゃんが教えてくれてますよ」という癒しへ導

く姿勢が，この母親に向けられるとよかった。こうした視点をもつこと自体が，心理臨床の場では有効であると，私たちはこれまでにも指摘してきたが（清瀧ら，2005），自分自身の心のなかにもいる傷ついた小さな子どもを自覚することなしには，私自身，これらの言葉を口に出すことができない。

■ (3) 母のインナー・チャイルドを癒す

　記事だけを読めば，この事例の両親は，冷酷で人間の心を失った母親と，その心の闇に巻き込まれた主体性のない父親，という組み合わせである。それでも，母親は，1歳半健診で保健所に行っているし，やせ衰えた子どもを連れて病院にも訪れている。外部に対して発信された数少ないSOSサインであったのだと思う。

　こうした形で，事前に救助信号を発信する例は多い。虐待する親たちも，自分のなかで増幅する心の闇に呑み込まれる不安と恐怖を，どこかで感じ取っている。言い換えると，加害者としてではなく，被害者のひとりとして受け止められたいと，思っている。そんな微かな期待を無自覚のまま心に秘めて，相談・医療機関を訪れる。通例，この1回ないし2回のチャンスが子どもと親の運命を分ける。

　フライバーグら（1983）の提唱する，乳幼児-親心理療法では，何らかの形で親子同席の面接を行なう。その場では，面接者を交えて，親子間の葛藤がさまざまに重なり合い，過去と現在が錯綜しつつ展開する。面接者はそれを細かに観察しながら読み解き，親と子の双方に共有できる言葉に集約する作業を行なう。それは，まず親の側に「心の安全基地」を提供し，「内省的自己」を育む方向に道を拓く（渡辺，2000）。

　虐待する親たちは共通して，「子どもが自分の怒りや苛立ちを引き出す」と訴える。面接場面で，子どものそうした行動を一方的にまくし立てる親の傍らで，遊びに打ち込むこともできずにそれを耳にしていた幼い子どもが，とうとうこらえ切れなくなってかんしゃくを起こした時，間髪をいれず「ダメでしょ」と厳しく叱り，「先生，いつもこうなんです」と面接者に訴える母親がいる。このような例を渡辺（2000）は紹介して，ここで起こっている感情転移の錯綜した関係を解き明かそうとする。

子どもの立場に近すぎる面接者はよく，母親に対して「叱らないで，子どもの気持ちになって考えてあげましょう」と説得を試みる。この時面接者のなかには，母親を非難し，子どもに同情する気持ちが強くなっている。それが，この母子の間に展開された交流によって引き起された面接者の逆転移である。目の前の母子関係のパターンが，面接者と母親との関係性に引き写されていることに注意したい。また，この関係性が，母親自身の母親との間でも体験されてきたものと相似形となっていることにも，理解の目を向けておきたい。

「この子のかんしゃくで何かを思い出しましたか」という程度の問いかけをする余裕は，とりあえず保つことが大切である。この時渡辺は，母子の双方に向かって，「長いこと分かってもらえなくて辛かったね。あなたはどんなに我慢したことでしょう」と，言葉をかけている。子どものなかで生じたその場の思いは，母親が心に秘めてきた過去の思いとも重なる。「寂しかったでしょうね」と言われて，母親の目からは涙があふれ出し，ひとしきり泣いた後に自分から子どもを抱き寄せた。面接者が，母親のイメージのなかで「理解してくれる良い母親」になった時，「その母の素直な子ども」になることができたのであろう。母親のなかで支配的であった自己イメージとしての「ひねくれたインナー・チャイルド」は，その瞬間に癒される予感を抱き素直になれた。母親のインナー・チャイルドを投影されていた子どもの姿が，この時には「親の愛を求める寂しい子ども」として母親の目には映る。それは抱きしめてもらいたかった自分自身の姿に重なる。母子双方の「心の底にあるねがい」を言葉にして，提示することができた時，はじめてこの関係性の病である虐待問題に，解決に向けての転機が作られることになる。

4. 母と子に向ける前エディプス葛藤
―母親の同居男性による幼児への身体暴力―

（1）事例Cの概要

2003年秋，4歳の男児を虐待死させたとして，28歳の母親と，その交際相手である18歳の男子高校生が逮捕された。仲良く平和に暮らしていた母子二人の家庭に，高校生が父親代わりになって入り込み，しつけと称する暴力の末に，母親の目の前で死に至らしめた，という事件であった。母親は子どもを守ろう

とした形跡もあり，子どもへの愛情も充分にもっていたと思われていたが，愛人である母親に対しても暴力を振るっていたとみられるこの高校生の暴力から，わが子を守りきることができなかった。その後も，担ぎ込んだ病院で，死亡原因を椅子からの転落事故に偽装しようとするなど，高校生をかばう姿勢を見せている。

この母親は，前夫と離婚した後，事件の3年前から長男を保育園に預けてアルバイト店員として働くようになった。いつも親子で手をつなぎ仲睦まじく歩く姿が，近隣住民の口から語られている。母親はアルバイトながら真面目でよく働くことが評価されて，その飲食店の店長を任されるまでになっていた。

一方，この高校生は「朝，起きられない」ことを理由に学校も休みがちであったが，家族からも友人からも粗暴な態度を指摘されたことはなく，事件後，彼の父親から，暴力行為が日ごろの様子からは考えられないことであったと語られている。

この長男の体に身体的虐待の跡が見られるようになったのは，事件の3か月ほど前のことであった。保育園で長男に確認すると「お兄ちゃんが叩いた」と説明したとのことであったが，母親は「転んだ」との説明をして，高校生をかばっている。その後もあざや傷が絶えないので，保育園は児童相談所に連絡をとり，母親とも話し合う機会をもつなど対応につとめてきた。事件の4日前には，「一緒にお風呂に入ったり，抱っこしたり，一緒に寝て欲しい」という長男の願いを，母親に伝えて実行してもらっている。関係機関が連絡を取り合って，それなりの対応策を講じてきたかに見えるのだが，加害者となった高校生とその家族に対してどのような対応がなされたのかは，情報がなく不明である。

(2) 擬似家族と前エディプス葛藤

この事例の場合，加害者である男子高校生にとって，4歳の長男は母親の愛情を独占するうえで強力なライバルであり，目障りな邪魔者である。一方，長男にとってもこの高校生は，母子二人だけの幸せな関係を破って入り込んできた異分子であり，理不尽な闖入者でしかない。お互いが競争相手を排除して，母親の愛情を独占したいと強く思っていたことだろう。母親はその間に立って，どちらかを選ぶことができないでいる。できれば三人で新しい家庭を作って仲

良く暮らしていきたいと思っていたのではないだろうか。こうした三者の関係性こそが, 虐待を誘発することになる。

　この高校生を暴力に突き動かしていたものは, 前エディプス葛藤であると言ってもよいだろう。母親への暴力はドメスティックバイオレンス (DV) である。それは通例, 「こんなに求めているのに, どうしてこの思いの強さに見合うだけの愛を与えてくれないのか」という, 相手の愛情を確認する行為でもある。子どもの母親でもあり続けようとしている彼女が, 自分の言うことを何でも聞いてくれる自分だけの「母性」であることを確認する必要があったのだろう。いわば, 自分の原家族のなかで求めて得られなかった, 自分だけを見ていてくれる人を, この高校生が求めていたことは, 想像に難くない。

　これは, 学校でとくに問題行動を起こすわけではないが, やる気がなく生気に乏しく, そのくせ遊びや趣味やアルバイトには熱心になるという, アパシイシンドロームの若者が, 多くの場合に求めているものである。要するに, 原家族のなかで出せなかった葛藤を, 新しい擬似家族を得て, 表出させたものとも言える。

　彼にとって彼女は, 愛人であると同時に家庭を提供してくれる母親そのものでもある。彼女の子は, 彼にとって同胞葛藤を刺激するライバルでもあり, 母の愛情を独占する父と重なる。したがって, 一見エディプス葛藤を引き起こすかに見える三角関係ではあっても, 子どもにとって乗り越えるべき存在としての父性が欠落しており, 二人の子どもが母親を奪い合うという構造にしかなり得ない。いずれにしても, 彼女の子の父親になるほどには大人になりきれていなかった彼は, こうしたエディプス葛藤を誘発する三角関係に直面したとき, その関係性に耐えられずに, 邪魔者となった子どもを排除する方向で行動化することになった。

　しかしながら, こうした関係性に陥る前には, この高校生も子どもにとってのよき父親代理になろうとしていたのではないだろうか。母子家庭に入ろうとする男性の多くがそうであるが, 仲の良い母子の姿を見て, 自分もその中に入りたいと夢想する。ただ, 実際に入ってみると最初の想像とは違って, 子どもの側の意外に強い抵抗に遭い, 逆転移的に子どもへの憎しみを募らせることになっていく。二人の間に挟まれて態度をはっきりさせない母親を暴力によって

支配しようとすることは，理想化された母性である彼女に対する甘えでもある。

　虐待加害者が実父であった場合には，子どもが自己主張を始め，しつけが必要であるという口実のできる，2～3歳以降に虐待の始まる例が多いように思われる。自分に優先権があり，必要に応じていつでも独占できるはずだった妻が，子どもの母親でもあることは，父性の未発達の夫には許容できない。依存対象でもあった妻を支配するための暴力が，競争相手となった子どもを排除し，妻の関与を引き出すための虐待へと発展していく。真の攻撃対象は，子どもではなく妻である。そこで，妻が，自分に向かっていた激しい暴力を回避するために，夫の子どもへの暴力を容認するようになれば，子どもは母親からも見放される体験を重ねることになる。そうなった子どもは，相手が誰であれ，自分から虐待を引き出す形でのかかわりパターンを身につけていく。無関心よりは虐待の方が耐えられるのかも知れない。それ以外のかかわり方を知らないようにも見える。結果的に，虐待を「する‐される」という関係性に固着して，その循環から抜け出せなくなっていく。この関係性もまた世代間連鎖を作り，拡大再生産されていく。

　もともとは，1980年代にわが国でも話題になった，カイリー（Kiley, D.）の2つの著作に示された，「ピーターパン・シンドローム」（1984a）の男性と「ウェンディ・ジレンマ」（1984b）を抱えた女性の関係性であるとも見ることができる。永遠の少年でありたいと願うピーターパンは，見捨てられ不安の強い自己中心的で気まぐれな，理想化された母親を求める男性である。一方，誰かに必要とされることを必要とするウェンディは，自分でなくてはピーターパンを理解してあげられないと自分に言い聞かせることで，気まぐれとわがままと，愛情表現に思える暴力にも時として耐えるという女性である。二者関係の場合には，それなりのバランスを保って安定することも多いが，三者の関係性を維持し，発展的に解決することはできない。子どもが生まれた場合に，この家族のなかだけで解決を探れば，力の論理によって子どもが排除されるしか方法がない。子どもを含めて，家族が家族のままで生き残るためには，より広い家族の枠組みを作って包み込むことが必要となる。

■ (3) 家族イメージの回復を軸に

　この事件は，自分の居場所を用意してくれる幸せな家庭をそれぞれに求めた三者の関係から生じたものと，捉えることができる。母親は，役割としての「母親」以外の自分にも戻れるような新しい家族関係を求めたのかもしれない。この高校生は，自己存在の意味を確認できるような理想化された母親像を求めたのであろう。長男は，元のような母親と二人だけの蜜月期的一体感の回復を求めたように見える。それぞれの二者関係は，互いに求め合って強く結びついた共依存の関係性である。

　もし仮に，長男の心のなかに，母親との関係性だけではなく，肯定的な父性イメージがもう少し育っていれば，この高校生との関係は違ったものになったことであろうし，高校生が健全な家族のイメージを強く心に描いていれば長男と親和的な交流に開かれたことであろう。この母親が高校生に，「私はあなたのお母さんじゃあないのよ」と伝えていれば，結果は違ったものになってきたであろう。そう考えてくると，必要だったことが見えてくる。より大きな父性と母性に包まれて，三人がそれぞれに安心して「誰かの子ども」になれるような場を得て，それぞれがもう少しずつ内省的に自己確立することである。共依存関係の組み合わせの一角が，分離 - 個体化を志向する方向で展開すれば，虐待を生み出す関係の構図は崩れることになる。

　そうならなかったのは，共通の心の課題をもつ三者の葛藤が共振れし合っていたからでもあろう。この高校生には，原家族のなかでその課題に取り組ませることが適当であったし，この母と子には，その一体化を破ってそれぞれが自立できるような父性イメージの存在が必要であった，と考えられてよい。より大きな問題は，彼らの生活圏内にそのような存在との出会いがなかったことにある。これを，個人の未熟さの問題として片づける限り，有効な対応策を見出すことはできない。この事件は，つながりが稀薄化することによって子育ての機能を失った社会全体の病理だと，捉える必要がある。

5. 親になるという物語

(1) つながることと振り返ること

　児童虐待における最も有効な対応策は，最早期から始める予防対策である。社会全体のなかに，親が親として育っていける仕組みを再構築することである。

　これまで見てきたように，虐待加害親たちが共通に求めるものは，自分たちの居場所としての家庭であると言ってよい。家族という形の子育てシステムが崩れ始めたことへの反応として，虐待が生じているという側面がある。家族を抱える器としての家庭のイメージを象徴するものは，家族そろって団らんする穏やかで楽しい時間である。自分のなかをどう探しても見つからない，そのイメージを求め，自分を幸せにする家族を作りたいと思いつつ失敗してしまった，その不全感と無力感が苛立ちとなって子どもに向かう，という構造が根底にある。

　虐待する，という行為自体が，人とのつながりを強く求めるゆえであるためか，この問題は，取り組む関係者の間にも，緊密な連携と協働の関係性の構築を強く要請する構造をもっている。家庭が，子育て機能を失いつつある今の時代において，数少なくなった子どもの育ちを社会全体が見守りながら自らも癒されていく，という関係性を作っていくことが大きな課題である。

　そうであるからこそ，親同士のつながりを作ること，親の子育てを手伝い支える人とのつながりを作ること，といった社会的人間関係の拡がりを作ることが必須条件である。「ドゥーラ効果」というのは，子育て経験のある女性たちが赤ちゃんとお母さんを取り囲み，赤ちゃんは多くの赤の他人の手に抱かれ，多くの笑顔や話し声に包まれることで，健全な社会性の基礎を作る，というものである。母親の育児不安も，その大半が軽減される。出産前の若い女性たちが加われば，熱心な聞き手を得た経験者たちの話も弾むし，未来の母親たちに子育てに臨む勇気を与える。

　私の大学院の指導生たちは，数年来，家庭訪問による乳児期の母子観察を続けている。そこで気づいたことは，健全な社会生活を営むお母さんといえど，母子だけの孤立した時間を過ごすことが多く，赤ちゃんの要求内容を理解する余裕がない，という実態である。つまり，お母さん発信の交流は赤ちゃんの応

答を得て発展する傾向が多いのに較べ，赤ちゃん発信の交流はお母さんに受け流されたり意味内容が汲み取られなかったりして単発に終わる傾向があった。お母さんが一方的に赤ちゃんを操作する，という構図が，赤ちゃんの意志が生まれた時点で破綻する。思い通りに反応してくれない，言い換えると予定の操作に乗らないわが子に対して，不全感と苛立ちを募らせることになりやすい。

　これらの母子観察事例のなかに，赤ちゃん誕生後の1年間で，対応の仕方が大きく変化したお母さんがいた。夫婦二人の間に生まれた第1子の男の赤ちゃんだったが，お父さんが変則勤務のために，昼間の赤ちゃんがはっきり目覚めている時間帯に在宅することが多く，また積極的に赤ちゃんにかかわり，その反応に戸惑い，お母さんにいろいろ訊いてくる。どうしてご機嫌が悪いのか，今は何をしたらいいのか，と。お母さんは，愉快そうに二人の様子を見ながら，逐一，赤ちゃんの反応の訳を説明する。こうした三人の関係のなかで，お母さんは赤ちゃんの要求を的確に理解できように育てられていく。生後6か月前後を転機として，母子の交流の質が大きく変わった。

　赤ちゃんについての話題が，あるレヴェルの深さで共有できるような会話が，日常生活のなかにあると，お母さんの自己内省がこれほどまで深まることに，目から鱗が落ちた。お父さんの，へたくそな子育て参加もまた，大事な意味がある。お母さんの役割を取ってしまうほど上手に子育てをしてはいけない，のかも知れない。

■（2）グッド・イナフ good enough

　イギリスの小児精神科医であるウィニコット（Winnicott, D. W.）の使った，「good enough なお母さん」という有名な言葉がある。子育ては完璧であるよりも，適度に失敗があることのほうが大事である，という意味がある。もちろん，赤ちゃんの発信する要求が適切に汲み取られて実現することは，赤ちゃんのなかに満足の感覚を作り，「自己」の中核を育てることになるため，おおむねうまく分かってもらっている状態であることが前提になる。しかし，この世の現実を受け入れて自己内で調整する能力が育つには，「good enough ほどよく適度に」うまくできないことがあった方がよい。神経質になることなく，少々のことにはめげないおおらかな子どもに育っていけばよい，と思っているくら

いで，子育てはちょうどよい。

　子育て支援に関する講演や相談の場で，こうした趣旨の話をすると，多くのお母さんたちは，「安心しました」「ホッとしました」「もっと肩の力を抜いていいんですね」といった感想を寄せてくる。大学生である若い女性たちにも，失敗を怖れて子どもとかかわっていけない受け身な者が多くいる。そうした彼女らは，周りの大勢，つまりその場の空気を読むことに気を遣いすぎて自分をもたない。明るく愛嬌よく振る舞っていても，気持ちのどこかに，自分と同じ気持ちになって分かってくれないことへの不満を抱えている。

　そんな，ボランティア先で子どもと距離を置いて眺めているしかできない大学の指導生には，「最初から上手にかかわれたら本職の人たちが困るだろ。適当に失敗してると，子どもがいろいろ教えてくれるよ。見兼ねたら職員が説明してくれるから，周りの大人や子どものことを信じてみたらいい」と，アドヴァイスする。安心感があると，表情が緩んで笑顔が生まれ，子どもたちの方から遊びに誘ってくれるようになる。失敗しないと友達はできない，というのもまた，人間関係の真理の一つである。

■ (3)『おかあさんになるってどんなこと』

　母は子どもによって母として育てられる。母が子の成長を願う以上に，子は母の成長を願っている。父についても同じである。また，母は子どもにとって良い親であろうと願う。父も良い父親たらんとする。その気持ちに嘘はない。ただ，現実に子どもを目の前にして実際に自分がかかわる時には，思ったようにうまくはいかない。自分についての絶望的な失敗感と否認した罪責感が，苛立ちを募らせて破壊衝動が爆発する。

　親としての育ちの道筋が見えていると，こうした暴発の抑止力になる。核家族化と，子育てコミュニティの欠落は，子どもを産んだ女性から，母となる道筋を学ぶ機会を奪う。子どもとともに育つ，という子育ての基本原理に思いが及ばず，何が最も大切なことなのかが判断できない。つまり，母となる心の物語を，自分のなかに見つけることができない。

　そんな時に母になろうとする女性たちに読んでもらいたい2冊の本がある。子ども向けの絵本であるが，なかなかばかにできない内容である。

一つは，『おかあさんになるってどんなこと』（内田・中村，2004）という，ウサギのミミちゃんを主人公にした物語である。子ウサギのミミちゃんが，お友達のターくんとタンポポのまんなかに座って，ぬいぐるみ人形のモコちゃんのお母さんになって遊ぶことにする。ターくんが「おかあさんになるって…，どんなこと」と訊く。ミミちゃんは，まず，子どもの名前を呼ぶこと，次に手をつないで一緒に歩くこと，それから「しんぱいすること」，と考えて遊びが展開する。そして，モコちゃんは熱を出す。ミミちゃんは夜も寝ないで看病する。朝になって熱が下がっていることを知り，自然に涙が出てくる。その時にミミちゃんは理解する。お母さんになるってことは，「しんぱいして，おもわずぎゅっとだきしめて，おもわずなみだがでること」なのだと。

もう一つは，『ちょっとだけ』（瀧村・鈴木，2005）という最近人気上昇中の絵本である。主人公のなっちゃんのお母さんが出産して，家に赤ちゃんが来る。なっちゃんは「おねえちゃん」になったのだ。なっちゃんは，まだ小さいのでいろんなことがうまくできない。でも，お母さんにやってもらおうと思っても，お母さんはいつも赤ちゃんを抱っこしている。なっちゃんは，ミルクをコップに注ぐことも，パジャマのボタンをとめることも，髪の毛をおチョンボに結ぶことも，ブランコをこぐことも，一人で頑張ってやってみると，「ちょっとだけ」できる。公園から家に帰り，眠くなったけどお昼寝はしないと頑張っていたなっちゃんは，毛布を引きずりながらお母さんに言ってみる。「ママ，ちょっとだけだっこして」。お母さんは，「ちょっとだけじゃなくて，いっぱいだっこしたいんですけど，いいですか」と優しく訊ねる。なっちゃんの顔がぱっと輝いて，しばらくお母さんに抱っこしてもらい，おチョンボも結い直してもらう。その間，赤ちゃんには「ちょっとだけ」我慢してもらう。

いずれも，ありふれた身近な日常の触れ合いのなかに大切なことがある，と教えてくれる。子育てのあり方を知るのに必要なことは，正論や建前ではなく，きめ細かく日常生活のイメージがもてることである。これらの絵本を，お母さんが子どものころから慣れ親しみ，子どもに読んで聞かせている姿が想像できるだろう。この姿が，幸せの形であると，明瞭に認識できることが，母としての育ちのスタート地点である。

■（4）父親の役割

　父になることは、母になること以上に難しい。「主夫」や「イクメン」といった言葉が、時代の先端にあっても、その言葉に集約されるような生き方にほど遠いところにいる父たちが、世の大半を占めている。どちらかと言えば、現実生活よりもバーチャルな世界を好む「ゲームおたく」の多い、若い男性たちが、家庭にあって母親代わりに機能する「主夫」や「イクメン」になったとしたら、それは単に離脱できない母親に対する同一化願望を満たすだけに終わる可能性が高い。男性が、父として育てられ、人間として大きく豊かになっていく、という道筋で育っているのかどうかが、問われなくてはならない。

　どのような父親になればよいのか、という命題は、男性が、価値規範の大きく変わりゆく現代において、どのような形で自己実現を目指すのか、という課題に重なる。家族を守るために外に出て戦う、という役割は、すでにその価値を失っている。保育所や幼稚園のころから、パンチとキックで荒々しくコミュニケーションをもとうとする男の子たちは、「いやなことがあったらお口で言うように」と、大いなる誤解に基づく対応を重ねられて育つ。活動的な男の子はADHDを疑われ、一つのことに没頭して時間を忘れる子は社会性がないと心配され、ヒーローになって戦っていると愛着障害と思われて、母性の眼差しが行き届いている一方で、父性の眼差しが排除されがちな現代の子育て環境は、男の子にとって大いなる不幸である。草食系や絶食系と呼ばれる男子が急速に増殖してきたのは、こうした子育て現場の実態と無縁ではない。子育て環境から、男性性や父性原理が消えてしまったことで招いた結果の大きさを、改めて考えなくてはならない。

　子どものなかにある父のイメージは、母が作るものである。子どもがどのような父親イメージを育ててきたか、父親のことをどう思っているかは、夫婦関係の象徴という側面がある。母は、子どもとの二者関係を中心に母親としてのあり方を見つければよいのだが、父は、母子の関係性をまず想定したうえで、三者関係のなかで父親としてのあり方を模索しなくてはならない。自分が、何を抱えてどのように背負うのか、そのことをイメージするためのヒントを提供すると思われる絵本がある。

　近年、注目を集めてきた宮西達也の二つのシリーズがある。一つは、ティラ

ノサウルスを主人公にする恐竜のシリーズである。一見，乱暴者に見えるティラノサウルスの優しさを描いた人気のシリーズである。とくに，『おまえうまそうだな』（宮西，2003）は，子どもの汚(けが)れのない信頼が，粗暴な主人公を父として成長させるという視点で読むことができる。

　同じ作者のウルトラマンのシリーズは，タイトルが示すとおり，現代における父親のあり方を問いかけるものになっていて，笑いながらも考えさせられる。『帰ってきたおとうさんはウルトラマン』（みやにし，1997）と，『パパはウルトラセブン　みんなのおうち／Home Sweet Home』（みやにし，2003）の2冊が，個人的には好みである。仕事と家庭とを使い分けるお父さんの奮闘ぶりが伝わるため，これを読んで子どもと一緒に読もうと思うお父さんは，結構多いように思う。ウルトラセブンの方には，失敗続きのバルタン星人のお父さんも登場する。いろんなお父さんがそれぞれに，それなりに頑張っている姿が微笑ましい。講義で紹介した時に，「うちのお父さんは，どちらかというとバルタン星人です」と，コメントをレポートに書いた女子大生がいたが，あるがままの姿を，愛情をもって受け入れられる時，父親の存在が家庭のなかで機能することになる。

　当面の課題は，父親の働く姿を，いかにして子どもたちの目に触れるものにできるか，ということに焦点がある。外で頑張って働く姿を見た子どもが，「お父さんのようになりたい」と思うだけで良いのではなく「自分にもなれる」という安心感がまた必要なことが多い。尊敬できるが隙もまた多い。それをお母さんがカバーしている。そうした両親の協働関係を，目の当たりにして育つ子の心は健全である。この家族の関係性の質こそが，本質的に重要なのであり，固定的な父親役割があるわけではない。むしろ，現代社会は，固定化された父親役割や母親役割から，自由になれているところにこそ意味がある。自由であるからこそ，見失うことも多いというリスクを抱えるのだが。

文　献

フライバーグ, S.・シャピロ, V.・チャーニス, D.　拓野雅之（訳）　1988　治療様式　In コール, J. D.・ギャレンソン, E.・タイソン, R. L.（編）　慶応乳幼児精神医学研究グル

ープ（訳）　乳幼児精神医学　岩崎学術出版社　pp.99-136.（Fraiberg, S., Shapiro, V., Cherniss, D.　1983　Treatment modalities. In J. D. Call, E. Galenson, & R. L. Taison (Eds.), *Frontiers of infant psychiatry.* New York: Basic Books.）

橋本やよい　2000　母親の心理療法―母と水子の物語―　日本評論社

カイリー, D.　小此木啓吾（訳）　1984a　ピーターパン・シンドローム―なぜ，彼らは大人になれないのか―　祥伝社（Kiley, D.　1983　*The Peter Pan syndrome : Men who have never grown up.* New York: Dadd Mead.）

カイリー, D.　小此木啓吾（訳）　1984b　ウェンディ・ジレンマ―"愛の罠"から抜け出すために―　祥伝社（Kiley, D.　1983　*The Wendy dilemma: When women stop mothering their men.* Westminster, MD: Arbor House.）

Kempe, R. S., & Kempe, C. H.　1978　*Child abuse.* Cambridge, MA: Harvard University Press.

清瀧裕子・後藤秀爾・福元理英・大崎園生・鈴木真之・浜本真規子・吉橋由香・駒井恵里子　2005　世代間伝達概念の臨床的有用性―幻想の子どもと想像の子ども―　心理臨床―名古屋大学発達心理精神科学研究教育センター心理発達相談室紀要―, **20**, 19-23.

子どもの虐待防止ネットワーク・愛知（編）　2000　防げなかった死―虐待データブック2001―　ほんの森出版

レボビシ, S.　小此木啓吾（訳）　1991　幻想的な相互作用と世代間伝達　精神分析研究, **34**（5）, 285-291.（Lebovici, S.　1988　Fantasmatic interaction and intergeneration transaction. *Infant Mental Health Journal,* **9**（1）, 10-19.）

レボビシ, S.　鈴木真之・後藤秀爾・清瀧裕子・福元理英・大崎園生・浜本真規子・吉橋由香・駒井恵里子（訳）　2005　創造性と乳幼児の能力　心理臨床―名古屋大学発達心理精神科学研究教育センター心理発達相談室紀要―, **20**, 25-34.（Lebovici, S.　1995　Creativity and the infant's competence. *Infant Mental Health Journal,* **16**（1）, 10-15.）

宮西達也作・絵　2003　おまえうまそうだな　学習研究社

みやにしたつや作・絵　1997　帰ってきたおとうさんはウルトラマン　学習研究社

みやにしたつや作・絵　2003　パパはウルトラセブン　みんなのおうち／Home Sweet Home　学習研究社

村瀬嘉代子　2001　児童虐待への臨床心理学的援助―個別的にして多面的アプローチ―　臨床心理学, **1**(6), 711-717.

西澤　哲　2005　トラウマ関係障害と心理療法　小児の精神と神経, **45**(1), 31-36.

大日向雅美　2001　子育ての背景　柏女霊峰・才村　純（編）　別冊発達 26 子ども虐待への取り組み―子ども虐待対応の到達点とこれからの展望―　ミネルヴァ書房

Parker, R.　1995　*Mother love, mother hate, the power of maternal ambivalence.* New York: Basic Books.

スティール, B. F. 守屋直樹(訳) 1988 虐待と遺棄の心理的発達に及ぼす影響 In コール, J. D.・ギャレンソン, E.・タイソン, R. L.(編) 慶応乳幼児精神医学研究グループ(訳) 乳幼児精神医学 岩崎学術出版社 pp.286-302.(Steele, B. F. 1983 The effect of abuse and negrect on psychological development. In J. D. Call, E. Galenson, & R. L. Taison (Eds.), *Frontiers of infant psychiatry*. New York: Basic Books.)

Steele, B. F. 1987 Psychodynamic factor in child abuse. In R. E. Helfer, & R. S. Kempe (Eds.), *The battered child* (4th ed.). Chicago, IL: University of Chicago Press.

瀧村有子作・鈴木永子絵 2005 ちょとだけ 福音館書店

棚瀬一代 1996 実母による乳幼児虐待の発生機序について―事例分析による検討― 心理臨床学研究, **13**(4), 427-435.

内田麟太郎文・中村悦子絵 2004 おかあさんになるってどんなこと PHP研究所

渡辺久子 2000 母子臨床と世代間伝達 金剛出版

渡辺久子 2003 児童虐待と心的外傷 臨床心理学, **3**(6), 819-825.

第5章

心の物語の時代性と普遍性
─宮崎吾朗の『ゲド戦記』とアースシーの物語─

ことばは沈黙に　光は闇に　生は死の中にこそあるものなれ
飛翔せるタカの　虚空にこそ輝ける如くに
（『エアの創造』より）

1. アニメ『ゲド戦記』をめぐる評価

　社団法人日本映画製作者連盟の発表した日本映画産業統計によると，2006年7月末に劇場公開された，宮崎吾朗監督によるスタジオジブリの製作したアニメ『ゲド戦記』が，この年度の映画興行収入で76億円を超える成績をあげ，邦画部門で第1位となったという (http://www.eiren.org/toukei/index.html/)。この作品は，世界的にも名の通ったアニメ界の巨匠である宮崎駿の長男である宮崎吾朗の初監督作品としても注目を集めた。作品公開以前の新聞や週刊誌では，宮崎吾朗が父親である宮崎駿の反対を押し切って，この世界的に有名なファンタジィのアニメ化に挑んだといういきさつも報道され，ジブリファンとゲド戦記ファンの双方から，多少の期待と，それ以上に大きな懸念をもって迎えられることになった。

　20世紀に発表された世界三大ファンタジィの一つとも言われる『ゲド戦記』（全5巻と外伝1巻）には，わが国にも熱心なファンが多く，映画の公開直後からさまざまな評価が，インターネットの関連ホームページに書き込まれることになった。原作者ル＝グウィン（Le Guin, U. K.）自身が開設するホームページ (http://www.ursulaleguin.com/) にも，多くのeメールによる意見が寄せられたことが記載されている。

「ジブリ映画『ゲド戦記』に対する原作者のコメント全文」というその記事によると，大変に慎重な表現ではあっても，このジブリ映画に対して原作者の抱いた失望感は明らかである。ル＝グウィン自身がジブリファンであったことは，このコメントのなかにも明かされているが，原作者の手になる次の一文は，多くのジブリファンの感じた不満を代表するものであろう。「ゲド戦記 Wiki」のホームページ（http://hiki.cre.jp/Earthsea/）に掲載された日本語訳から紹介する。

　　　全体としては美しい映画です。しかし急いで作られたこの映画のアニメーションでは，多くの細部がカットされています。そこには『トトロ』の細密な正確さもなければ，『神隠し』の力強い，すばらしく豊かなディテールもありません。作画は効果的ですが，斬新さはありません。

言うまでもなく，宮﨑駿の代表作である『となりのトトロ』や『千と千尋の神隠し』との比較における評価であり，ル＝グウィンの期待がこの水準の作品であったことが理解できる。これに続けて，次のようにも述べているが，こちらは，原作者としての不満であり，従来からの『ゲド戦記』ファンが共通に抱く感想を代表していると言ってよい。

　　　全体としてはエキサイティングです。ただしその興奮は暴力に支えられており，原作の精神に大きく背くものだと感じざるを得ません。

試写会の後で，原作者が監督に向けて語った「あれはわたしの本ではなく，あなたの映画です。いい映画でした」という感想に，原作者のスタンスが集約されるだろう。

これに対して，この映画に励まされた，として擁護する意見も多い。ル＝グウィンという世界的な巨匠と，父でもある宮﨑駿という天才の，両者に対して無謀な真っ向勝負を挑んだ，その姿勢に対する複雑な共感がその支持の背後にあることは想像に難くない。二人の巨人と比較することなく，ル＝グウィンも宮﨑駿も知らない，いうなれば白紙の状態でこの映画を見た時，それなりに現

代社会の病理性の一端を切り取って，対処する方向を示そうとしていることに気づく。

　この章の趣旨は，そうした視点から，このアニメ映画によって切り取られた，現代という時代性の一つの側面について検討しようとするものである。ル＝グウィンの求めたものが，人生の普遍的な真理であるとすれば，それを土台とすべき必然性が，宮﨑吾朗のなかにはあったと考えられる。それは，宮﨑吾朗個人の心の課題でもあったのだろうが，多くの人たちの内面に同じ波動を引き起こしたとも思われる。近年の心理臨床現場の実情から見直すと，いくつか思い当たる節もある。

　私自身は，作品自体の出来不出来を論評する立場にはない。日々の心理臨床実践のなかで得られた感触を，この作品に隠された意味内容から見直すことによって，改めて意味づけておきたいと思う。

2. 宮﨑吾朗の描く『ゲド戦記』

(1) 舞台になるアースシーの世界

　宮﨑吾朗の描く『ゲド戦記』も，原作と同じく広大な海にたくさんの島が浮かぶ架空の多島海世界アースシーが舞台になる。この映画を絵本化した徳間アニメ絵本第29巻（ル＝グウィン原作，邦訳，2006）の記述では，次のように解説される。

> 　人間は東のほうで暮らし，西の果てには竜が棲んでいる。ここでは，風や海などの自然，動物や植物，人間，あらゆるものに太古から伝わる「真の名」があり，魔法使いは，その真の名を知ることで相手を支配し，自由にあやつることが出来る存在である。そのため，自分の真の名は，心から信頼する人にしか教えない。ハイタカの真の名はゲドというが，それを知っているのはごくわずかな人だけである。

　また，映画では充分に説明されてはいないのだが，物語の主題を理解するうえで重要な魔法の意味について，原作（ル＝グウィン，邦訳，1976）では次の

ように説明される。

> 魔法にはよき魔法と悪しき魔法とがある。よき魔法・正しき魔法とは，自然の秩序を知り，それを守り整えるための知識と知恵のことである。真の魔法使いは，雨が降れば雨に打たれて木の下で雨宿りする。力を使って雲をはらえば秩序が破れて他の場所に災いをもたらすことを知らねばならない。ものの真の名前を知る正しき魔法使いの使う姿変えの魔法は，相手の本性を表す真の名を呼びかけることによって可能になる。みずからの姿を変える時も同じであるが，あまりに長く姿を変えていると，元に戻れなくなる。

こうした設定の下で映画は始まるのだが，映画では説明のない，または説明の足りない原作の内容を観客も周知しているかのごとく，つまり，はじめてこのストーリィに触れるものには理解できない，多くの疑問点を残したまま，ストーリィが進行する。ゲドが何ものであるか，テナーはどういう経歴の主なのか，テルーとテナーの関係はどういうものなのか，そうした疑問が充分には説明されないまま，ストーリィが進み，理由が分からないうちにテルーが竜に変身するクライマックスに突入していく。「どうして竜が出てくるのか理解できなかった」という感想を，多く人が語っているのも，無理からぬことである。

映画の英語題名に，"Tales of Earthsea" という，日本では『ゲド戦記外伝』（ル＝グウィン，邦訳，2004）と訳された巻の原題をそのまま使っていることから見ても，監督の頭のなかには，原作の設定がそのままあったことは間違いない。また，この章のタイトルの下に示した『エアの創造』のフレーズは，原作では全編を通じて物語の冒頭に記され，重要な主題として大きな意味をもっているのだが，この点でも，映画は原作を形だけは踏襲しているものの主題として使いこなされてはいない。つまり，主要な部品はそのまま取り込んでいるのだが，その内容を充分に説明することなく，あるいは消化し切れないまま，監督独自のストーリィへと再構成した作品となっているのである。

ちなみに，邦題に「戦記」という表記が入っているのは，訳者である清水真砂子の意訳であり，主人公は他者と剣を交えて戦うことをしていない。ここに

原作者の重要なメッセージがあり，その意図を考えれば，「戦記」という邦訳が不適切であるとの批判もある。あくまでも自己内での戦いに終始することが，この物語の大きな特徴となっているのだが，その点でも，この映画は原作の主旨を逸脱している。

本来の原作は，あくまでも「アースシーの物語」と呼ぶべきものである。暴力や武力をもって戦わない姿勢を，強い信念をもって貫く生き方こそを描いて欲しい，と，原作者は，ジブリ映画に期待した。このことを，まずここで確認しておかねばならない。

■ (2) 主な登場人物

映画の主な登場人物を下記に示す。登場人物についても，その特徴がかなり変わっているだけでなく，多くの創作が見られる。

ちなみに原作では，本編が5巻から構成されているのだが，主人公は一貫してハイタカである。彼は真の名を隠していないため，物語の中でゲドと呼ばれている。第2巻から登場するテナーも重要な位置を占めており，第2, 4, 5巻では，テナーの視点で物語が展開される。アレンは，第3巻に登場し，第5巻でも重要な役割を演ずるが，テルーは深い関係になることはない。テルーは竜の子どもとして第4巻に登場し，第5巻の隠れた主役でもある。クモは，禁断の魔法を使った古き時代のまじない師として第4巻に登場し，ゲドと対決することになるが，この巻以外には登場しない。

アレンの両親とルート，ウサギは，原作では登場していない。キャラクターも含めてそのすべてが，この映画の創作になる人物である。

アレン（レバンネン）：エンラッドの王子。正体不明の「影」に追われ，おびえている。

テルー（テハヌー）：顔に火傷の跡のある少女。両親に捨てられ，テナーに引き取られた。

ハイタカ（ゲド）：アースシーで最も偉大な魔法使い。魔法の才能をもつものが，正式に魔法を学ぶロークの学院の長でもあり，大賢人とも呼ばれる。

テナー（アルハ）：ハイタカの古い知り合い。幼いころから，アチュアンの墓

所に巫女としてつかえ，外の世界を知らずに育ったが，ハイタカによって救い出された。

クモ：永遠の命を手に入れようとしている魔法使い。かつて，死者の魂を呼び出すなど，魔法を間違ったことに使い，ハイタカに戒められたことを，うらんでいる。

国王：アレンの父でエンラッドを治める王。国民の幸せを願う立派な人物であったが，アレンによって殺される。

王妃：アレンの母。国王には家庭の心配をさせぬよう気を配っているが，アレンには冷たくあたる。

ルート：エンラッドの国王つきの魔法使い。

ウサギ：クモの手下。人間を奴隷として人買いに売りとばす，人狩りをしている。

■（3）あらすじ

登場人物の設定から見ると，この映画は，原作の第3巻と第4巻の両者を下敷きにして，原作とはまったく違った趣旨のストーリィ展開になっていると言える。まず，映画のストーリィを以下に整理する。

　　エンラッドに竜が現れ，干ばつが続き，世界の均衡をもたらす光は弱まり，秩序が乱れ始めた。苦慮する国王を，王子アレンが殺害して逃亡する。

　　逃亡の途中で，ハイタカに助けられたことが縁で，テナーの家でしばらく過ごすことになったアレンだが，そこで出会ったテルーからは，「いのちを大切にしないやつなんか大嫌いだ」と言われ，死ぬ場所を求めていたアレンの気持ちが変化し始める。

　　アレンは，自分の影に追われ続けておびえている。そんなある日の夕暮れ時，草原に向かって歌うテルーの姿を目にしたアレンは，彼女の一人ぼっちの寂しさを知り，孤独に向き合う強さにふれる。「僕はここに居てはいけないんだ」と言い残し，アレンは影から逃れるための旅に出るが，ハイタカを恨んで殺そうと企むクモの手に落ち，その魔法により悪の手先になって操られることになる。

その間に，テナーもクモの城に連れ去られ，助けに向かったハイタカも，クモの罠にかかって魔法の力を封じられ，テナーとともに囚われの身となる。

　一方，テルーは，アレンの影に出会い，真の名前と刀を託され，3人を助けるためクモの城へと単身で潜入する。抜け殻のようになったアレンを，城の一室でようやく見つけ説得する。

　「死ぬことが分かっているから命は大切なんだ。アレンが怖がっているのは，死ぬことじゃないわ。生きることを怖がっているのよ」。「命は自分だけのもの？」。「生きて次のだれかに命を引き継ぐんだわ。レバンネン，そうして命はずっと続いていくんだよ」。

　そうしてテルーは，自分の真の名前をアレンに与える。

　2人は，城壁の上から突き落とされそうになっているハイタカとテナーを助けるため，クモと対峙する。クモの圧倒的な魔法の力に晒されながら，アレンは，それまで抜けなかった刀を抜き放つ。「お願いだ，抜けてくれ，命のために」と，念じながら。

　戦いのなかでアレンがクモの右手を切り落とすと，黒い液体に身体を変えたクモは，テルーを抱きかかえて高い塔の上へと逃げていく。激しい戦いが続くうちに朝日が昇る。日の光を背にしたテルーが，「影は闇に帰れ」と叫ぶと，自らは巨大な竜に変身する。竜の吐く炎に焼かれてクモは消滅し，アレンは竜の手に飛び乗ってその場を逃れる。

　「僕は，償いのために国に帰るよ。自分を受け入れるためにも」。テルーに感謝の言葉を残してアレンは国に帰る旅に出る。空には，西に帰る竜の群れが見える。

3.『シュナの旅』と宮崎吾朗の父親殺し

(1)『シュナの旅』のあらすじ

　『シュナの旅』(宮崎駿，1983)は，この映画の原案として紹介された宮崎駿のコミックスである。チベットの民話に題材をとった物語であり，アニメ化するには地味であるためコミックスのみの販売としたものだと言う。貧しかった

チベットに麦をもたらした英雄の苦難の旅が主題であるが，力ある神々の理不尽と，無力な人間の血を吐くような地道な努力とが，心に刻まれる伝承物語である。

　　シュナは，貧しい国の王子であった。ある日，旅人から神々の国にある黄金色の作物のことを聞き，国を救うための旅に出る。旅の途中で奴隷となっていた少女テアを救う。逃亡の末に離れ離れになるが，巨大な月に導かれ神人の土地に入る。一見豊かで平和に見えるその地では，月の力で集められた人々が緑色の巨人に変えられて黙々と働いている。シュナは，種子になる麦を奪って無我夢中で逃げるが，記憶も言葉も感情も失くしたあげくに，とうとうテアが身を寄せる北の村にたどり着く。テアの献身によって麦が収穫できるまでになり，シュナは記憶を取り戻し，テアと共に故郷までの長い旅路につく。

■（2）原案とされたことの意味

　主人公の王子が旅先で奴隷同様の少女に出会い，少女の献身によって救われる。共通点をあえて探せば，こうした設定に見つけられないこともないが，ストーリィのうえでは重なる部分が見られない。

　シュナの旅の動機は，貧しい国を救うためという明確な，しかし実現困難な成果を求めたものであったのに対し，アレンの旅は，父親殺しの罪障感から逃れるための目標のないものである。シュナの得たものは，実りをもたらす麦という形のあるものであったのに対し，アレンの得たものは本来の自分自身という，捉えどころのないものである。シュナの行ないには，人間が麦を得るために営々と積み重ねてきた血の滲む努力が集約されているが，アレンの行ないは，自己完結するという類のものである。

　客観的に見れば，「原案」とする必然性はきわめて薄いのであるが，宮崎吾朗にとってはそうすることが必要であったのかもしれない，と考えると一つの結論が見えてくる。

　話を分かりやすくするために断定的な言い方をすれば，この映画の原作を『ゲド戦記』に求める必要はなかったのと同じように，原案を『シュナの旅』に

求める必然性はない。それが必要だと感じたのならば,『ゲド戦記』も『シュナの旅』も,宮崎駿その人がアニメ化を諦めた作品である,という一点にある。映画が,原作にはどこを探しても出てこない「父親殺し」から始まり,その罪障感と向き合うことを主題として展開していたことと,深いかかわりがあるものと考えるのは自然なことではないだろうか。

結論から言えば,この映画は,監督である宮崎吾朗の心のなかでの父親殺しこそが,主要なモチーフであると考えられる。そして,この原作にも原案にもなかった,隠れた主題が,かなり多くの若者たちの,おそらくは中高生を中心に,共鳴するところとなったのではないかと,推測できる。

4. 父親殺しと解離性障害

(1) 父親殺しによって抱えた罪障感

アレンの父親殺しは,母親との三者関係を基盤にして起こっている。

心の冷えた,子どもに関心を寄せない母親と,妻子を省みる時間のない有能だが多忙な仕事人間の父親との関係性のなかで,この事件は起こる。夫婦の間は,他人行儀で距離が遠い印象を受ける。アレンの失踪を気にかける父親だが,その問題は自分たちに任せて「あなたは王としての職務に励むように」と家庭から父親を遠ざける母親の態度が,アレンをして父親をナイフで刺し殺して自暴自棄の逃走へと向かわせる。両親の目から見ると,父親を越えられぬ不肖の息子であり,子どもの側から見れば,父を越えることなど思いもよらぬ無力でだめな自分である。しかし,心のなかでは暖かな家族のつながりを求めている。

映画では示唆されただけだが,具体的な言葉にすれば次のようなセリフが,アレンのなかには渦巻いていることだろう。

「お父さんと較べられるから,自分はこんなに苦しまなくてはならない。お父さんさえいなければ楽になれる」。

「お母さんをあんな冷たい人間にしたのは,家庭を省みないお父さんのせいだ」。

こうした父親に向ける攻撃衝動の背後には,尊敬と思慕の気持ちが隠されている。そのような葛藤的な心の叫びを,これまでの心理臨床の場で何度聞いた

ことだろう。

　映画のなかでは，このアレンの父親殺しの動機は最後まで明確にされることなく終わる。父親を越えて自分自身を取り戻すためには心のなかで父親殺しをしなくてはならない，という追い詰められた者の切迫感や，父親に向かうこの破壊衝動を止められない無力感の背後には，父親への一体化願望や，母親からの承認と評価を得たいという欲求などが想定でき，自己内でも整理し切れない葛藤が見て取れる。映画の作者が実際には，どこまで自己内省できていたかは定かでないが，少なくとも，家族団らんのイメージが心を癒すことには気づいていたものと思ってよい。アレンが，ゲドとテナーとテルーとで作る擬似家族のなかで，とくにテルーとの間が修復されてからは，傷口が癒されている雰囲気に，それは集約されている。

　しかし，父親殺しの後に抱えることになった罪障感の根深さは，逃れても逃れても追ってくる自分自身の「影」として表現されている。この影が，本当の心の姿であって，心を置いて逃げ惑う体を追ううちにいつしか心が影になってしまい，実体であったはずの体の方が，悪事を働くより大きな影の力に支配され，光と影とが逆転するパラドックスは，この映画において最重要のモチーフである。

　自分を愛してくれたもの，自分もまた愛していたものを，自らの手で葬り去ったことから生じる不安には，罪障感以外の要素も含まれている。自己の存在基盤を自分で崩してしまったことへの果てしない後悔の念と，存在感を絶えず脅かされる実存の不安とも言うべき頼りなさの感覚である。居場所を求めても得られない感覚から生じる不安，である。

■（2）解離性障害からの離脱

　アレンのなかに作り出された影は，もう一人の自分である。解離性同一性障害のように，明確に元人格と区別できる別人格を形成しているわけではないが，時としてアレンのなかに出現する自暴自棄の凶暴性は，コントロールできないもう一つの自分であると見ることができる。

　また，自分を追ってくる影が，自分自身であることも感じており，自分の心が解体し拡散してしまったかのような実体感の薄さは，解離性障害の一つであ

る離人性障害の体験内容である。自分の中に何人もの自分がいて、どれが本当の自分か分からないうえに生きている実感自体が希薄化する体験につながる。

内的な体験内容をこのように語る若者たちは多い。近年増加してきたリストカットや摂食障害、引きこもりや対人不安の症状を示す青少年のうち、かなりの者がこうした体験をもっている。映画がそれなりにヒットした背景には、こうした自分をもてない、もしくは自分の存在感が希薄化した若者たちが共有できる要素があったものと思われる。

その意味において、この映画は、現代という時代の病理の一側面を切り取って見せたものと評価することができる。つまり、充分な自覚がないまま心のどこかで存在の実感を求める若者たちに、きわめて分かりやすい形で、今のどこか漂っているような自分の状態から離脱するための方向を示したものと言える。

「命はそこにあることだけで大事なのだ」というシンプルなメッセージとともに、旅することが、温かな父性（ハイタカ）と穏やかな母性（テナー）に出会う可能性を作ってくれると示唆し、人を信じ自分を信じることで世界が変わることを伝えようとした、という作品になったものと見られる。追い詰められたあげく、テルーに援けられ、自分を支え信じることを教えてくれたもう一組の両親イメージであるハイタカとテナーの危機に直面してようやく、心の影であるクモと向かい合い、それまで抜けなかった剣の柄に手をかける。「抜けてくれ、命のために」と念ずるだけで抜けるほど軽い問題であったのか、というのは原作者の批判の一つであるが、逃げていた自分の本当の心の象徴である剣を取り戻したことを示すには、このシンプルなメッセージが相応しかったとも言える。逃げていた本当の心を胸に収めなおして、誰かに救ってもらおうとして飛び込んだ、ある意味で依存心の象徴でもあるクモと対決する関係の構図は、それ自体、自分を取り戻す一歩になり得る。つまり、父親との葛藤も、母親への恨みも、本来は自分自身のなかでの親イメージとの関係性の問題である。実際の関係はどうであれ、最後は自己内の問題であることへの気づきを促すことの意味は大きい。

現実の両親のマイナス面にとらわれて関係自体を疎んじることは、大切なはずの両親イメージのプラス面を、また同時に、人を愛し信じる気持ちや、自分自身の素直な心までをも、喪うことになりかねない。逃げ続けて極限にまで追

い詰められた時にこそ，本当に大事なものが分かる。与えられた命を精一杯生きることより大事なことはない。思春期心性に対しては説得力をもつ，この映像によるメッセージがこの映画の生命線である。この言葉に，実感をもってたどり着いた時が，偉大なる父の呪縛から解放された瞬間かも知れない。ル＝グウィンと宮崎駿という二人の巨人に挑んだアニメの完成が，宮崎吾朗の人生の転機を作ることになったことが期待できる。

映画のアレンには，まだ自分の故郷に帰る長い旅路が待っている。自分の生き方を見定めるために必要な長い旅なのであろう。

映画のなかでは未消化のままになっている原作の世界観と人生観について，次に考察しておきたい。心理臨床の場では，この映画のストーリィをもって解離性障害の解決ができたという結果にはならない。この障害が本来は，自分が自分として生きる，ということにかかわる課題であるだけに，真の解決には全人生を費やしてもいたらない。その道のりの遠さへの理解がさらに必要なのである。しかし，それでもなおこの先に歩むべき方向を見定めておくことは重要である。宮崎吾朗に残される果てしない旅路を垣間見ておくことは，今この時に踏み出すべき確かな一歩の方向を教えてくれるからである。

5．原作のストーリィとその世界観

(1) 影の統合―第1巻―

「ゲド戦記」の第1巻は，"A Wizard of Earthsea" という原題で，1968年に公刊され，日本では，『影との戦い：ゲド戦記Ⅰ』（ル＝グウィン，邦訳，1976）として出版された。そのストーリィを紹介する。

　　ゴントという小さな島の孤児で鷹の本性をもつハイタカという羊飼いの少年が主人公である。魔法使いになることを目指して，隠れた賢人オジオンのもとに弟子入りした後，賢人の島ロークの学院で本格的な修行の道に入る。大きな力の可能性を内に秘めながら，血気にはやる傲慢な若者であったハイタカは，学院ロークでの修行中，仲間に対する傲りと妬みの心から，禁断の術を使い，地底から死の影を呼出し野に放ってしまう。その時，

5. 原作のストーリィとその世界観　113

みずからも死の淵に立たされ，命からがら鷹に姿を変えてオジオンの元に飛び帰り，この知恵深き師匠によって救われる。

　その後の修行でハイタカは，魔法使いゲドへと成長していくが，ゲドがこの世に解き放った「影」もまた力をつけて世に災いをもたらしはじめる。ゲドとうり二つだが正体の知れない影と対決するためゲドは世界の果てまで旅を続ける。対決の時，ゲドと影とは同時に相手の真の名を呼ぶ，「ゲド」と。かくして，ゲドは己の内なる光と闇とを統合し一つにした存在，自然の摂理に通じた知恵深き魔法使いである大賢人となる。

　この巻は，少年ハイタカの成長物語である。このストーリィの卓越した点は，自分の無意識の内にある影を統合することに，少年が大人になっていく心の発達の一応の到達点を置いたことにある。すなわち，自己内のマイナス面である影を，理性の光によって切り捨てるという西欧的自我理想の達成の仕方ではない，もう一つ別の成長モデルとして，影と正面から向き合って肯定的に受け入れるという生き方を示した点にある。自己内のマイナスと思っている側面は，視点を変えることによってプラスに転ずるものであり，人生のチャンスとピンチは錯綜するものであると，知る力を身につけることが人としての発達である。影を統合したものこそが，世界の秩序とバランスを知り，自分自身や他の人間たちも含めたものの真の名前に通ずる，賢人と呼ばれる正しき魔法使いになれる。理性の優位性を前提とした経済性や合理性に価値を置く発達観に与えた衝撃の大きさが，この原作の価値である。

　この原作の重要なモチーフである，影との折り合いのつけ方が，映画では決定的に異なるのである。第3巻で，ゲドの影として登場するクモの場合でも，ゲドが対決する以前に，死よりも深い永遠の闇の世界へとおのずから消え去ってゆく。抜き身の剣を持って切り伏せるという，直截な攻撃行動をとることはない。力に任せて自己内の不安や葛藤を切り捨てる課題解決の道を否定したところから，この物語が生まれているからである。

(2) 女性の自己実現——第2巻——

　第1巻に続いて出された第2巻の原題は，"The Tombs of Atuan" と言い

1971年に出版された。邦題は,『壊れた腕環:ゲド戦記Ⅱ』(ル＝グウィン,邦訳,1976)である。ここでは,テナーが主役であり,女性の自己実現のあり方を描いたものと考えられる。

「名なきもの」の支配するアチュアンの墓所という,カルガドの大神殿とその地下に拡がる大迷宮が主たる舞台となる。時の流れの存在しない死の静寂が支配する,この世界の最奥に眠るエレスアクベの腕環の一片を巡って物語は展開する。ゲドは,すでに竜退治をなしとげて「竜王」となっている。

テナーは,先代の巫女の死と同時に生まれたという偶然から,「名なきもの」たちに使える巫女の中の巫女アルハとして神殿によばれ,アルハとなって元の名前をなくす。母親代わりの教育係コシルや,父とも慕う宦官のマナンらに見守られ導かれて,さまざまなしきたりを身につけ,地下迷宮を手探りで自分のものにしていく。この世界はアルハにとって,平穏な生活を約束してくれるものとなる。

そんなある日,迷宮入口の玄室に,突然ゲドが出現する。報せを聴いて出口を閉ざすが,アルハのなかで葛藤が生まれる。この世の平和のために腕環を求めるゲドの生き方に出会い,アルハのなかで今までの生き方への疑問とともに自己が芽生えはじめる。ゲドから真の名を呼びかけられて,戸惑いながらも激しく動かされるテナーは,ついに,馴染み深い平穏な人生を捨てて,困難と知りつつも,自分自身に立ち返るため,あえて平穏な闇の世界から出て,初めて出会う光の世界への道を歩むことを決意する。

テナーが,ゲドと共に苦しい戦いを生き延びた直後,腕環を得て新しい世界へ旅立つと同時に大音響とともにアチュアンの墓所は崩れ落ち,母親役のコシルも父親役のマナンも巻き込まれて死んでいく。故郷を失い,愛する人たちを喪ったテナーの心を,深い喪失感が覆う。思わずゲドに向ける小さなナイフの刃は,結局ゲドを刺すことなく収められる。

新しく出会う自由の世界でテナーの選んだ道は,ゲドの生まれ故郷の小さな島で,オジオンのもと,人の心の優しさに触れながら,ゲドと別れて穏やかな暮らしを営むことであった。

ここで示された主題は，自分をもたずに，ただ役割としての「名なきもの」すなわちアルハを生きてきた女性が，より大きな使命に生きる，それまでの自分の育ちのなかにはなかった生き方に出会い，ささやかな自己実現を果たそうとする物語である。「名なきもの」はアルハを支配する超越的な力であると同時に，アルハ自身のことでもある。ゲドとの出会いによって自分の名を取り戻したテナーの，広い世界に拓かれた視野をもって行動する生き方は，感受性を磨いて家を守るという従来の意味での女性性との対比では，きわめて男性性の強い人生観である。どちらを選ぶか葛藤しながら両者のバランスと統合を図ろうとして，テナーはオジオンのもとでさらに学ぶ道を選びとっていく。

結局，ここではゲドと結ばれない。結婚という安易なハッピーエンドを避けることで，両親と家とを喪失するという大きな犠牲を払い，葛藤しながらたどり着いた場所についての疑念が，読者のなかには残る。第4巻は，その疑念に答えたものであるが，結婚は人生の通過点に過ぎないことが次第に分かってくる。

映画では，よき母性の象徴として唐突に登場してくるテナーであるが，原作のテナーが抱えて格闘した，自分自身になろうとする女性としての心の葛藤は，どこにも見られない。映画が求めたものは類型的な母性であり，それ以上のものは，残念ながら描かれる余地がなかったものと思われる。

■（3）使命の継承―第3巻―

第3巻"The Furthest Shore"は，第2巻の翌年に出版される。この邦題は『さいはての島へ：ゲド戦記Ⅲ』（ル＝グウィン，邦訳，1977）である。ここまでのストーリィは，原作者も連続性をもって執筆したものと推測され，一連のまとまりをもって一つのより大きなテーマに収斂していく。人としての育ち方と生き方のモデルを，現代文明への批判のなかで模索したものと言ってもよいだろう。この第3巻では，ゲド自身が自分の使命を果たす傍らで，その使命の継承者を育てることが，重要なモチーフになっている。

　　永い平和に倦んだアースシーにも，いつしか大きな災いの兆しが忍び寄ってくる。いまや大賢人となったゲドは，いち早く事態を察して戦いのた

めの旅立ちを決意する。若きエンラッドの王子アレンひとりのみを同行者に選び，西の果てセリターの岸辺へと赴き，そこから死者の世界深くへと入りこんで行く。

ゲドとアレンが闇の世界で出会うのは，生死両界を分かつ扉を開ける禁断の力を得た，遠い昔のまじない師でクモと呼ばれる男である。圧倒的な力への願望，不死を願う人間の欲望を実現したかに見えたクモは，実は，不死への誘惑，内なる闇に負けて支配された姿である。ゲドとの対決の前に，その体は崩れ，人間の形をなさなくなって，死よりもさらに深い永遠の闇のなかへと落ちていく。

その後，生死両界を分ける扉を閉ざすために，もてる限りの魔法を使い果たしてゲドは倒れる。そのゲドを助けたのは，真の名前レバンネンを得たアレンである。最長老の竜カレシンの背に乗って，二人はローク島へ戻る。そうして，先の王マハリオンの予言に従って，アレンは，新しい王として，世界が真の秩序と平安を取り戻すため，800年ものあいだ空のままにおかれてきたハブナーの玉座に座る。ゲドはそのままカレシンによって，生まれ故郷のゴントへと運ばれる。

この巻が，宮﨑吾朗が，映画の軸になるストーリィとして選んだものである。原作には，アレンがゲドと共に旅をして王として育つ過程が描かれているのだが，彼の立場は終始ゲドの見習い役である。若さの勢いで剣を抜き放って戦うようなシーンはどこにも見られない。ゲドの戦う相手も，クモによって開けられた生と死の境の扉であり，いわば自分の影との内的な戦いである。だれもクモという敵と戦ってはいない。クモは自分自身の欲望によって滅んでいくのである。

ゲド自身は，この戦いによって魔法の力を失うが，失った力は姿形を変えて次の世代に引き継がれていく。世界の秩序とバランスを守る役目は，二人で乗り越えた苦難の旅の末に，ゲドからアレンへと継承されたとも言える。この点においても，無目的に影から逃げて彷徨う映画とは，旅することの意味が違うのである。

■（4）守られる者から守る者へ──第4巻──

　18年の空白期の後に，再びテナーを主人公において物語は書き継がれた。"Tehanu, The Last Book of Earthsea"（1990）は，邦題を『帰還：ゲド戦記最後の書』（ル＝グウィン，邦訳，1993）として出版された。テナーのその後の人生が明らかにされ，若さをなくしたこの時に，力を失ったゲドと，再び出会うことになる。

　この巻を読むうえで重要な鍵になるのが，「竜人の伝説」である。

　　天地創造のはじめ，人と竜はひとつであった。体には翼がはえ，真のことばをしゃべっていた。みんなきれいで賢く自由であった。次第に，空を飛んで勝手気儘を求める乱暴者たちと，富や財宝や知識を集めるのに熱心で，いったん手に入れたものを手放したくなくて塀をめぐらした家を建てて生活する者たちとに，分かれていった。

　そのように分かれる以前の「竜人」は，大きな翼をもち，野性と知恵を同時に備え，人間の頭と竜の心をもった伝説上の存在である。いつの時代にも，竜の世界に竜として生まれた人間や，人間の世界に人間として生まれた竜がいる，という。その中間的な存在が，世界を救うことになる。

　　ゴント島でのテナーはいつかオジオンのもとを離れ，ごく普通の農園主の妻となり1男1女をもうけている。子どもたちは家を去り，夫を亡くしたテナーのもとに，両親から火に投げ込まれ，心と体に深い傷（障害）を負ったテルーという瀕死の幼子が担ぎ込まれる。身体の半分は焼けただれ片目はつぶれ，手は鍵爪のようになっているテルーを癒し，守ろうとして，強い怒りにつき動かされたテナーの，人生の生きなおしが始まる。テナーはテルーとともにオジオンもとへと行くが，すでにオジオンは死の床にある。父親代わりの師を失って，テナーは，守られる者から守る者へと自分の立場が変わったことを知る。

　その頃，黄泉の世界を旅し魔法が使えなくなったゲドが，カレシンの背に乗ってテナーのもとへ運ばれている。かつての大賢人ゲドは，今や力を

失って普通の人間である。テナーの介抱によって体力だけは回復し，山の上の山羊番になったゲドは，そこで今の自分に向き合い，新たな生き方を探りはじめる。

　テルーの心と身体を癒し，生活の仕方を教えようとしていたテナーと，山を下りたゲドとは，力を合わせて危急をしのぐ経験を経て，ようやく結ばれる。しかし，「まだ治せていない」「教えきれていない」という不安がテナーを先へと急がせ，傲慢で思いやりのない息子に農園を与え，ゲドとともにテルーを連れて，三たび新しい生活を求めて旅に出る。途中，不死を願う領主を影で操る魔法使いアスペンに捕われ，断崖に立たされる。守ってくれていた者たちの危機に直面して，テルーは真の名テハヌー（竜の子）に目覚め，実の親であるカレシンを呼び寄せ，二人を救う。こうして，新しい地で新しい三人の生活が始まる。

　テナーとゲドとの最初の出会いは，偉大なる力をもつ大賢人と大神殿における神の代理者という，ともに輝かしい立場の二人の間に生まれた。それぞれが，自分の与えられた使命と役割を生きていた。しかし，今回の出会いは，力も輝きもなくした，いわば，素に戻った人間同士としての再会である。

　さらに，テルーという傷ついて守らねばならぬ人生のお荷物がある。そのうえ，オジオンの死がテナーに教えることは，守られる者から守る者へと，自分の役割が転換したという現実である。そのことを知りつつ，「まだ救えていない」「まだ守れていない」と，不全感の中で苦しむテナーがいる。これまでと違って身近に寄り添うようになったゲドにも，これを即座に解決する力はない。親からの虐待によって，これほどまでに傷ついた小さな命は，魔法の力でも癒せないのである。テルーを抱えて無力に逃げ惑うテナーの傍らに，ゲドはひたすら寄り添い続ける。このことは，弱さと無力の自覚が真の強さであることの気づきへと，読み手を導いていく。

　この巻はまた，力も若さも失った男女が真の結婚へと行き着く物語であるとも見ることができる。そして，二人が必死に守り育ててきた小さな命が，最後の土壇場で二人を救うために，隠されていた力を発揮する。テルーという小さな命は，障害を抱え，心に大きな傷を負ったがゆえに，愛するものを守るため

の力をもつことになる。障害もなく苦難を知らずに育った心には見えないものが，テルーには見えていたと思われる。そう考えてみれば，傷ついたテルーこそが，竜人には相応しいと納得できる。愛に報いようとする無垢なたましいのひたむきさが，人の心を動かす大きな力をもつからである。

ここで改めて，全編の冒頭に置かれた『エアの創造』の言葉が，より深い意味を持ってたち現れてくる。光は闇のなかにこそある，のである。

映画では，テルーがテナーとゲドとを危機から守り，アレンの心を救う結果になっているのだが，突然の竜への変身には納得感が生まれない。病いや障害という，一見マイナスに見えることのなかにこそ，大きなプラス面が隠されているのだ，という人間存在のパラドックスが，映画では描き切れていないがゆえである。大賢人ゲドと腕輪のテナーがそのまま年をとっただけの状態では，か弱きものの本当の力には気づきにくいのである。

■ (5) 死生観の見直し―第5巻―

原作は，第4巻が最後の書であったはずなのだが，完結したかに見えた物語の続巻が，再び11年の長い時を経て，2001年になって発表された。"The Other Wind"というこの巻は，邦題『アースシーの風：ゲド戦記Ⅴ』（ル＝グウィン，邦訳，2003）としてわが国でも出版された。

老境に入ったゲドとテナーと，竜の子テルーのその後を描く物語であり，人間にとっての自由と所有の問題とともに，より普遍的な生と死について，さらに「人間はこの地上で何をしてきたのか」などの，根源的な人類の課題を問いかけるものであると，宣伝コピーが付されている。

あらゆるものを直す技をもったまじない師ハンノキが，ゴントの農園で隠遁生活を送るゲドを訪ねるところから物語は始まる。

> ハンノキは最愛の妻ユリの死をきっかけに，昼夜なく死者たちの声にうなされるようになり，救いを求めてゲドの元にやってくる。ゲドのアドヴァイスを受けて，ハンノキは，ハブナーの王宮に赴き，そこで，レバンネン，テナー，テルーをはじめ，西の海域カルガドの王女セセラク，老竜カレシンの娘であるオーム・アイリオンらと合流し，賢人たちを交えて世界

の調和とバランスを取り戻すための会合に参加する。

　はじめのうち自分の殻にこもっていたセセラクの言葉が，解決のヒントになる。心を許したテナーに対して語るカルガドの信仰では，死者は生まれ変わると信じられていることや，竜は小さくて言葉をもたないことなど，文化と価値規範の違いの大きさへの気づきが，発想の転換へと一同を導いてゆく。

　オーム・アイリオンの伝えたカレシンの言葉に従って，一同は，世界の中心であるロークの"まほろしの森"へ出かける。人間の中には，常に自由への憧れがあり，竜の中にはつねに富への羨望があった。世界の調和を乱し続けるそれらの欲望から自由になり，この世の価値観を改めるための最後の選択の時がきていた。ついに，死者たちに選ばれたハンノキの魂によって生と死を分ける石垣が崩される。「この世界を直すんだよ」と言うハンノキに従って，全員で崩し終わったとき，石垣の跡を踏み越えて，無数の死者たちの魂が光の中へと消えていく。ハンノキもまた，ユリの魂と出会って消える。テルーはアイリオンと共に竜の姿に戻り，はるかな世界へと飛び去る。この作業によって肉体から離れていたレバンネンの魂は，セセラクの献身によりもとの肉体に戻る。

　そのすべてを見届けたテナーはゲドの待つ静かな日常へと帰り着き，一部始終をゲドに語る。「みんな行ってしまった。竜は一匹も残っていない。黄泉の国にいた影たちもみんな光の世界とまたひとつになった」。

　この巻の寓意を真に理解するのはなかなか難しい。自然と一体化した人間存在という捉え方ゆえに生まれる死生観が根底になっていると，思われるからである。現代文明が築いてきた行動規範を根底から覆す別の価値規範に眼を開き，生き方を問い直すよう突きつける視点がここで示される。ハンノキが修復したものは，それまでの死生観を含めた世界観と人生観である。すなわち，原作者自身が描いてきた内的イメージとしての生と死の世界の構造を，ここに来て修正したと同時に，真の人間としての生き方や逝き方をも提示したものと思われる。

「死ぬことは，光の世界に命をいったん返すことであり，本当は怖くはない」

という新たな気づきを得て，私たち読者に示して見せたのだと思われる。飛び立っていき人間界には残っていない竜たちは，原作者の分身であろうか。もう伝えるべきことはすべて伝えたという，作者の中の一種の爽快感が，読後に残る。

映画が，遠く及ばない高次の領域のテーマである。原作者が，こうして残したかった価値観に迫るため，もう少し原作者の思想的背景について考えてみたい。

6. 原作の背景をなす世界観

(1)「最後の野生インディアン」の影響

ル＝グウィンが，その両親の影響を受けてアメリカ先住民の文化に詳しいことはよく知られている。結婚前の姓をクローバー（Kroeber）と言うが，父親のアルフレッドは，文化人類学者であり，母親のシオドーラは作家として，アルフレッドが研究を深めながら公開しなかった「最後の野生インディアン」イシの伝記を執筆している（Kroeber, 1961/邦訳, 2003）。

両親ともに，この最後のアメリカ先住民の生き方と生きる姿勢に，深い理解と共感を示しており，その態度と知識が，原作ではアースシーの物語の重要な背景思想となっていることは充分に考えられる。

河合（2002）は，この物語がアメリカ先住民の知恵に基づいていることを指摘し，哲学者の鶴見俊輔にもこの物語を奨めたところ，「あれは素晴らしい，あの素晴らしさの秘密は『イシ』ですよ」と語ったエピソードを紹介している。そして，そこには，先住民の神話からつながり，均衡と調和を大切にする世界観に根付いた生き方が関係していると，指摘している。

(2) ナバホの創世神話

河合は，文字をもたなかったアメリカ先住民の文化を知るために，現存する最大の部族であるナバホの文化を知ろうとしたのだが，そこで，魔法使いがメディスンマンをモデルにしているという推測に行き着く。原作で主要なテーマである，世界の調和と均衡という考え方は，ナバホの生き方を集約した「ホ

ジョーゴ（あるいはホッジョー）」という言葉であることにも，思いが及ぶ。

「ホジョーゴ」には，調和，均衡，美しさ（harmony, balance, beauty）が一体化したような意味があると，ぬくみ（2001）は解説している。これが，アースシーの物語を一貫して流れる大きな思想的背景をなしていると思われる。このように理解すると，自然と一体化して，生も死も一つの大きな調和のなかで連続性をもっている，という考え方が納得できる。

ゾルブロッド（Zolbrod, 1984/邦訳，1989）の著作に翻訳されているが，先のぬくみの要約に基づいてナバホの神話世界を以下に紹介する。

> 最初の人間は，虫の姿をしていて真っ暗な「一番目の世界」に暮らしていた。やがて彼らは光を求めて「二番目の世界」へと移る。そこに住んでいた鳥の姿をした人々と，しばらくは平和な生活を送っていたが，やがて喧嘩が起きて世界の調和と安定が崩れ，人々は「三番目の世界」へと移る。そこへ着く間に人々の姿も変わっていき，とうとう2本のトウモロコシから「最初の男（アッツエハスティーン）」と「最初の女（アッツエアスザッツア）」が生まれる。そこでは，動物も人間もみな同じ言葉をしゃべって平和に暮らしていた。しかし，男と女の口喧嘩から，すべての男と女は別れて暮らし始める。その時間があまりに長かったため，やがて一緒に暮らすようになっても，世界は崩れたままであった。
>
> そこで，人々は「四番目の世界」へと旅立つ。たどり着いたのがナバホの大地であった。そこで，前の世界で人間でないものを身ごもった女たちがこの地に怪物たちを産み落とし，最初の男と最初の女からは「変わる女（アスザッツアナドレーヘ）」が生まれ，彼女は太陽の子どもを身ごもり，双子の男の子を産み落とす。
>
> 双子の兄弟は，父親の元に旅に出て，父親から弓矢と剣を授けられる。兄弟は，力を合わせて風と嵐を起こして，地上のすべての怪物を退治したが，その激しい嵐によって大地が削られ，今のようなナバホの地形を作った。その時に生き残った人々（イエイ）からその後の人間（ディネエ）が生まれたが，人間たちは，再び過ちを繰り返さぬよう「ホジョーゴ」と呼ばれる調和・バランス・美しさとともに暮らすことを教えられた。生活の

細部にわたるこの教えが，掟となって伝えられた。この掟の守り役が，修業を積んだ「メディスンマン」である。ナバホの人たちは，今でも，空を父とし，大地を母とし，創世神話の続きを生きている。

7. 宮﨑吾朗の残された課題

(1) 影との統合によって開かれる道

ナバホの生き方に深く共感して，その実態を紹介する著書も多くもつ，ぬくみ（2001）によれば，ナバホの一部の人々は，今もなお神話の延長を，昔ながらの生き方で生きようとしているのだという。神話は作り話ではなく，現在の自分たちに直接つながる生活上の教えである。ナバホの人たちは，今もなお「第四世界」を生き続けている。

ぬくみは，自然を怖れ敬う生き方について，「日本人も昔はそうだったに違いない」と指摘する。この生活感覚がきわめて東洋的な色彩の強いものであり，ある種の郷愁とともに日本人の共感を呼ぶものであることは，先の著書で河合も言及している。

ただ，ル＝グウィンの示したかったものは，単なる先住民の生活の知恵への回顧趣味の世界ではなく，人間としての生き方を見直すうえでの広い視野のもち方だったのではないかと思われる。言い換えれば，西洋と東洋の知恵を「ホジョーゴ」の状態に導く，ということが，大きな隠れたテーマだったのではないか。

そんなル＝グウィンと元からのアースシーファンの目には，この映画のなかで行なわれたストーリィの換骨奪胎は許しがたい暴挙とも見える。映画のように自己の内なる影を切り捨てることによっては，本来の「ホジョーゴ」は回復されない。それは，一層の崩壊の進展につながる愚行であり，現代文明の陥っている罠である。この影の実態を，穏やかさと優しさをもって冷静に見定めることでしか，影と共存し，統合する道を拓くことはできない。

ル＝グウィンは，単に不戦と非暴力を説くだけでなく，その実現のために必要な心の物語を提示し，人生観や価値観の根底から，人としての生き方そのものを問い直そうとしているように思える。アースシーの物語は，現代文明への

痛切な批判にもなっている一方で，心に影を抱く個々の人間の人生モデルをも示している。アースシーファンとすれば，少なくとも「影との統合」の意味には，映画の監督に思いを向けて欲しいところである。

　無力感や劣等感の裏返しである敵愾心や，現実には得られない愛情を求め続けることから生まれる憎しみなどが，おそらくは映画のなかのアレンが抱えた影である。アレンに自己を投影した宮﨑吾朗の課題も，長い目で見ればこのような影を統合することであり，とりあえず現実的に対処するには，それを自覚して共存するために距離を置く，といったことになる。父とはしばらくの間，距離をとって，父と較べたり較べられたりすることから離れて，自分自身の持ち味を確認しなおす道を探してみることが賢明である。ただ，賢明な道を選ばず，無謀な真っ向勝負を挑み続けることが，その人の持ち味となっていくこともあって，どの道がよい結果をもたらすのかは分からない。歩いてみないと分からない道を歩くのが人生である。要は，自分の判断で選び，自分で責任を取る覚悟を決めることこそが重要である。不戦の意味を知るには，戦ってみないと分からない，ということもある。

■（2）父親殺しの次にあるもの

　解離性障害は，剣で切り捨てることで解決できる問題ではない。同じように，父親殺しから派生する罪障感の整理と克服は，映画でアレンがゲドと出会って落ち着いていくように，現実の父親以外の父性と触れ合うことで解決を見る，というほど簡単に済む問題ではない。それは自己の弱さに眼をそむけずに向き合う強さを知る，という意味で解決の糸口を作ってはくれるが，自己内の影を統合することそのものではない。また，ここで剣を抜き放つことは，影を遠ざけるだけであり，一時しのぎになる解決の幻想を与えることはできるが，それは真の解決ではない。

　いみじくも，アレンには長い帰郷の旅が待っていることが示唆されて映画は終わっているのだが，この映画で光を見た人たちも，これからの道のりの方が遥かに遠いことにいつかは気づくことになるだろう。その時にまた，希望を失わないで歩き続けることの意味を伝える次の映画が，求められることになるだろう。父親殺しの罪障感が未解決のままの宮﨑吾郎にとっても，不全感を抱え

ながら次の創作に取り組む持続力を期待したい。

　映画のアレンが，ゲドともテナーとも，またテルーとも別れて，ただ一人旅立ったように，父とはまったく別の道を一人で歩む決意ができたなら，息子としては，父に逆らい，原作者の不興を買ってまでこの映画を作ったことの意味が生まれる。

　その先に自分の生き方が作られることが，真の名前を知ることにつながる。こうした人生における心の作業を通して，父の映画制作者としての偉大さと，生身の人間としての弱さの，一見矛盾する両面が受け入れられたときに，宮﨑吾朗のなかにも新たな父親イメージが再生する。そうなってはじめて，自己の生き方を世に問う物語が結晶化してくるのであろう。

文　献

河合隼雄　2002　ナバホへの旅：たましいへの風景　朝日新聞社

クローバー，T.　行方昭夫（訳）　2003　イシ―北米最後の野生インディアン―　岩波書店（Kroeber, T.　1961　*Ishi in two worlds: A biography of the last wild Indian in North America*. Berkeley, CA: University of California Press.）

ゾルブロッド，P. G.　金関寿夫・迫村裕子（訳）　1989　アメリカ・インディアンの神話―ナバホの創世物語―　大修館書店（Zolbrod, P. G.　1984　*Diné Bahane, The Navajo Creation Story*. Albuquerque, NM: The University of New Mexico Press.）

ぬくみちほ　2001　ナバホの大地へ　理論社

宮崎駿　1983　シュナの旅　徳間書店

ル＝グウィン，U. K.　清水真砂子（訳）　1976　影との戦い：ゲド戦記 I　岩波書店（Le Guin, U. K.　1968　*A Wizard of Earthsea*. Berkeley, CA: Parnassus Press.）

ル＝グウィン，U. K.　清水真砂子（訳）　1976　壊れた腕輪：ゲド戦記 II　岩波書店（Le Guin, U. K.　1971　*The Tombs of Atuan*. New York: Atheneum Publishers.）

ル＝グウィン，U. K.　清水真砂子（訳）　1977　さいはての島へ：ゲド戦記 III　岩波書店（Le Guin, U. K.　1972　*The Farthest Shore*. New York: Atheneum Publishers.）

ル＝グウィン，U. K.　清水真砂子（訳）　1993　帰還：ゲド戦記最後の書　岩波書店（Le Guin, U. K.　1990　*Tehau, The Last Book of Earthsea*. Milford, PE: Inter-Vivos Trust for the Le Guin Children.）

ル＝グウィン，U. K.　清水真砂子（訳）　2003　アースシーの風：ゲド戦記V　岩波書店（Le Guin, U. K.　2001　*The Other Wind*. Orlando, FL: Harcourt.）

ル＝グウィン，U. K.　清水真砂子（訳）　2004　ゲド戦記外伝　岩波書店（Le Guin, U. K.

2001 *Tales from Earthsea*. San Diego, CA: Harcourt.）

ル＝グウィン，U. K. 原作　宮崎吾郎脚本・監督　2006　ゲド戦記　徳間アニメ絵本第 29 巻　徳間書店

第6章

世代をつなぐ物語
―事例報告として読む『西の魔女が死んだ』―

> まいは目を閉じた。打たれたように拳を固く握った。堪え切れずに叫んだ。
> 「おばあちゃん，大好き」
> 涙が後から後から流れた。
> そして，そのとき，まいは確かに聞いたのだった。
> まいが今こそ心の底から聞きたいと願うその声が，まいの心と台所いっぱいにあの暖かい微笑みのように響くのを。
> 「アイ，ノウ」
> と。　　　　　　　　　（『西の魔女が死んだ』の最後の一節）

1. エヴィデンスとナラティヴについて

　この本の序章ですでに指摘したように，優れた事例報告は，①肌理細やかな観察によって得られた確かな事実に基づいて（エヴィデンス・ベースド），②多角の視点で捉えられた説得力のあるストーリィが語られる（ナラティヴとしての完成度），という二つの条件を備えたものである。そうした事例報告のクライエントは，自分自身の人生のストーリィを，自分自身の語り口で，セラピストに伝え切った感覚を得て，自己のナラティヴを受容したうえで，自己と自己の生き方を構造化することができたのだろうと，読み手は想像することができる。

　私たちが，優れた事例報告の書き手を目指すのは，クライエント理解の目を洗練するためであるが，それは，クライエントとの面接過程全体を見通す目と，この面接場面の今この時に語られる一つひとつのエピソードの意味を把握する目の，両面にわたる理解の目を磨くことに他ならない。両者が統合される時に，

クライエントにとっても納得感のある聞き手になれる。

　私が，心理臨床の研究グループと一緒に，事例検討と事例研究のあり方にかかわって，この数年来，取り組んでいる課題は，物語の読解とワンセッションカンファレンスという二つの研究手法である。前者は，この本の主題としているように，クライエントが自分自身のナラティヴを紡ぎ出す心の作業に，寄り添うための理解の眼差しを深化させる試みである。後者は，面接場面に撒き散らされ零れ落ちた多くのエヴィデンスを，拾い集めて組み立てるうえで必要な，理解の視点を洗練化するためである。長いセラピーの経過のなかの一回のセッションだけを取り上げて，クライエントの言葉で語られるもの以外の情報やセラピスト自身のなかの逆転移などにも注意して，セッション内に起こったことを細かく検討していく。ちょうどジグソウパズルの欠片を集めて組み立てるように，一定の図柄が見えてくるまで展開していくと，その時点での面接の主題や，クライエントの心の課題のみならず，面接の展開過程全体が把握できる。こうして持久力と瞬発力とが磨かれると，個別の心理面接だけでなく，さまざまな現実場面で心理臨床の専門性が実際に活用できるようになる。そのための両面作戦である。

　「学派を超えた精神療法・心理療法の基礎訓練」について特集した「精神療法」28巻4号の中で，村瀬（2002）は，心理療法の訓練を受けて成長していくための「個人としての心積り」を次のようにまとめている。

　①自分自身の考え方や感じ方を客観的に捉えようとする不断の試み
　②良い意味での広い好奇心をもって，眺めること，聞き入ること，考えること
　③今日の自分に可能な範囲で自分の生，在る意味を問うこと
　④言葉を実体と繋ぐ，言葉を自分の経験と思考に照合させて使うように心懸ける
　⑤複眼の視野で観察し，多軸で考え，焦点化して緻密に捉える視点と，全体を俯瞰する，あるいは総合的に捉える視点を同時に働かせるようにする
　⑥本物に出会って，畏れを知り，かつ高みの世界に向かって眼差しを向けていたい

　心理臨床の研鑽は，人間としての総合力を高める人生修行にも似た一面も

あって，ここで村瀬の言う「基礎」は，人間として生きるうえでの基礎でもあり，そのまま終生の課題でもある。事例に学ぼうとする時にも事情は同じであって，全体が絡み合って結果が出る，という性格のものでもある。そのことを踏まえつつもここでは，村瀬が⑤に指摘するような視点のもち方を，提示しようとするものである。私なりの言葉にすれば，寄り添う気持ちと俯瞰する眼差し，という二律背反する理解の視点を統合する試みと言ってよい。

2. 小説としての『西の魔女が死んだ』

　取り上げる素材は，梨木香歩のファンタジー小説『西の魔女が死んだ』である（梨木，1994）。この小説は，思春期の少女を主人公にしている。初版が1994年4月に楡出版より出された後，1996年4月には新装版が小学館から，さらに2001年には文庫になって新潮社から出版されている。この間に170万部を売り上げる大ヒット作品となり，2008年には，長崎俊一によって映画化され，こちらもまた映像の美しさもあって，大きな話題を呼んだ。

　梨木には，児童文学ファンタジー大賞を受賞した『裏庭』（梨木，1996）をはじめ，小説やエッセイなど数多くの作品があり，この作者特有の世界にはまりこむファンも多い。先の研究グループでも，梨木フリークと呼べるほどのファンが多く，『沼地のある森を抜けて』（梨木，2005）が，近ごろでは結婚した女性たちの間で話題である。その家の女性たちに代々受け継がれてきた糠床を軸にして，現代の日本の女性たちの目線から，真の結婚という心の作業に取り組む過程が描き出される。そのなかに，「父の娘」と「母の息子」という時代を象徴する男と女の結びつきのあり方や，現代社会の構造の矛盾なども絡み，なかなかに読み応えがある。

　このように，梨木の描きだすファンタジーは，その世界とストーリィが空想であるがゆえに，心の物語としてはきわめてリアリティがある。『西の魔女が死んだ』も，ファンタジー小説の形をとって，不登校少女の心の揺れ動きを主題として扱いながらも，より広く現代日本の思春期の心の実像を捉えるリアリティと説得力がある。まず，そのストーリィの概要を以下に示す。

主人公の少女まいは，中学1年生である。学校の友達との人間関係に疲れ果てて不登校になる。雑誌編集者としての仕事をもって働くママは，自分の母親であるおばあちゃんのもとにまいを預けることにする。ママが「魔女」と呼ぶおばあちゃんに預けることを決めたと，報告するおとうさんとの電話のなかで，「昔から扱いにくい子」「生きていきにくいタイプの子」と説明をする言葉を聞くことになる。そのことで一層深く傷ついたまま，まいは田舎に一人で住むおばあちゃんのもとで，ひと夏を過ごすことになる。おばあちゃんは，いまは亡きおじいちゃんとの運命的な出会いによって，遠い異国での生活を選んだイギリス人である。田舎での生活は，それだけでもまいの疲れた心を癒してくれるものであったが，まいはおばあちゃんから「魔女修行」の課題を与えられる。その第一番目は「自分のことは自分で決めて自分でする」ということである。庭や畑から作物を取り入れて，自分たちの食事を手づくりし，花を育て，虫や動物と触れ合うなかで，まいの心は次第に癒されていく。また，おばあちゃんは，庭の一画にまいのお気に入りの場所を選ばせ，そこを「マイ・サンクチュアリ」としてまいの手に管理を委ねる。まいには，他にもお気に入りの場所があり，そこにいると自分が自分のままでいられるような体験ができるのだ。そうした心穏やかな生活のなかにも，心を騒がせる存在はいて，まいのサンクチュアリに，無神経に足を踏み入れるゲンジさんという近くに住む，粗野なおじさんにはどうしても馴染めない。ある日，鶏小屋が襲われて大事な鶏が食べられてしまうのだが，小屋の金網にゲンジさんの家の獰猛な飼い犬の毛を見つけて，まいの怒りはとうとう爆発し，おばあちゃんの前でゲンジさんを激しくののしる。そんなまいを鎮めるためおばあちゃんは，まいを叩いてしまい，その気まずい雰囲気のまま数日が過ぎる。夏が終わるころ，東京に帰る日がきて，パパの運転する迎えの車に乗って，まいは帰っていく。そして2年が過ぎたころ，突然の訃報が届く。まいはママと二人で駆けつける。おばあちゃんの葬儀の後で，ゲンジさんがまいに，おばあちゃんの愛した銀龍草の花束を渡し，おばあちゃんとおじいちゃんが，自分の理解者であり，自分は精一杯の感謝の気持ちで付き合ってきたことを伝える。まいの気持ちはそのことによって大きく揺れ始め，お

ばあちゃんと仲直りしないままで別れたことを激しく後悔する。そんなまいの目に「ニシノマジョカラヒガシノマジョヘ」という，窓ガラスに指で小さく書かれたメッセージが映る。「タマシイノ，カラダカラノダッシュツ，ダイセイコウ」と続くおばあちゃんからのメッセージは，死んでも魂は残っていることを伝えるという，生前の約束を守ったものであることに気づく。おばあちゃんの，大きくて深い愛情を感じたまいの涙は，この瞬間に溢れ出し，止まることがなかった。

3. 事例報告としての『西の魔女が死んだ』

　この小説は，多様な視点での読み方ができる。興味深いことに，世代によって同一化する登場人物が特定される傾向が高い。また，多様な視点での読み方に耐えられる，つまり，それぞれの立場で自分を重ねる没入することを可能にする，という意味で，稀有な作品となっている。

　中学生は，主人公まいに同一視するように自分を重ねて，このストーリィに共鳴する。親世代は，少し客観的になって，母親としてのあり方や父親の役割，そして子どもの世界観を知ろうとする。子育て支援の立場の者，たとえば臨床心理士や，祖父母世代では，おばあちゃんがまいに語る言葉や魔女修行のあり方に共感しつつ，自分も魔女修行に励もうと自らの人生態度を反省しながら読む。経験から見ると，おおよそこうした読み方が典型である。

　こうした理由のほかにも，次のような点において心理臨床の観点から見たリアリティがあるため，心理臨床の場で，事例を見る目を磨くための素材として優れていると言える。

　①不登校の女子中学生の心理が，子ども自身の目線から的確に描出されている。

　②さりげなく描かれる両親と，母方祖父母の姿，またその関係性から，家族の抱える課題へと，視点が自然に導かれていく。

　③そのなかで，祖母から母を経由して娘へと世代間連鎖を通して伝達される共通課題が，太い縦糸となって潜在的ではあるが明確な背景模様を織り出している。

④主人公の少女の心が癒され，また一方で厳しさをもって育てられていくプロセスが，いくつかの明確な焦点をもって描き出されている。

⑤そのプロセスに関与する登場人物が限定されているため，達成された課題と，残された課題とが，整理されることになる。

⑥したがって，読み手としての感想と向き合う場を設定すれば，読み手自身の逆転移のあり方を明らかにする道も作ることができる。

こうした多角の視点の置き方を身につけることは，心理臨床の実践者として対象を理解するために必要不可欠な資質といってよい。つまり，一人の来談者の心の課題を見立てるにあたって必要な視点の置き方が，ここには集約され，網羅されているといってもよい。

まず，クライエントの主訴の内容を，その病理の側からだけ見るのではなく，課題を抱えて心を痛める人間の生き方全体を見る，という発想の仕方が求められる。それは，病理性と表裏一体となる発達可能性に目を向ける，という柔軟な発想の仕方を知ることである。次に，個人の課題の背景に家族全体の課題を見る，という視点ができる。そこからさらに踏み込んで，少なくとも親子三代にわたる葛藤の連鎖のなかで課題を捉え直す作業へと進む。また，現実生活の全体を視野に入れつつ，そのなかの人間関係を立ち直りのために役立つものとして活用の道を探る。さらに理解を深めるため，かかわり手自身が，自己内に生起する感情を逆転移として捉えることによって，自己課題の理解とさらなる対象理解に活かしていく。こうしたことがほとんど同時並行で，しかし，こうした思考体系のなかで，進展するプロセスは，心理臨床の実践における一つの典型モデルと言ってもよい。このような意味で，事例検討の素材として，この作品はうってつけなのである。

4. 事例として読み解くための課題設定

内的な体験内容を適切な言葉に置き換えていくことは，心理臨床面接の中核の作業である。多様な理論と照らし合わせて，心のなかで起こっているストーリィの説明原理として的確なものを選び出し，それを手がかりとして，語り手自身の言葉や仕草やイメージなどを綴り合わせ，聞き手であるセラピスト自身

の体内を通したうえで，相互に納得できるようなイメージや言葉として紡ぎ出していく，という作業の反復が，心理臨床面接過程である。

　クライエントが自分のなかで言葉にできなくて誰にも伝えられずに症状化していた内界の何ものかが，イメージとなって浮上し最後には言葉となってまとまり，伝えられるべき相手を得て受け止められた時に，人の心は癒され，育ちゆく方向性を得る。そういった意味で，自己内の体験内容を言葉に変換する能力を磨くことは，心理臨床を志すものにとって，避けては通れない課題である。

　小説や昔話に代表されるファンタジーには，作家の心理的課題が象徴されている。それが言葉になってあら（表・現・著・露）わされているからこそ，それを読む人たちの内面に共感と共鳴の波を作りだし，シンクロナイズする形で心理的課題を掘り起こす。これと同じことが，心理臨床実践においては日常的に生起している。ここでシンクロナイズして掘り起こされてきた，いわばクライエントとセラピストの共通課題に取り組むことこそが，心理臨床面接の中核課題なのであるが，現実場面での適応状態や問題とされる症状に目が奪われがちな初心のセラピストにおいては，その主要課題が見逃されて，表面上の症状の改善に腐心して，要点を見失うことも多い。それは，セラピストの自己課題を投影する形でクライエント理解がなされる時と，セラピストが自己課題を回避してクライエントの課題を見失う時に生じやすい。

　クライエントと向き合ったときに，自分の中でどのような心の動きが誘発されやすいかを理解することができれば，理解の深まりに応じて心理面接に深みが生まれる。進むべき道を見失った時に修正するための手がかりが，ここにあるのである。

　このような発想から，私が臨床心理士志望の大学院1年次の授業のなかで，『西の魔女が死んだ』を事例報告として読んでまとめることを求めた時に，設定したレポート課題を紹介する。

＜レポート課題＞
　○課題1：主人公の少女「まい」の不登校のメカニズム（心理機制）あるいは心の課題をどのように理解したらよいか。思春期の発達課題を視野に入れて考えてみよう。

○課題2:「まい」の家族関係の構造と課題をどのように理解したらよいか。母親との関係，父親との関係，両親間の関係，およびその相互関連などについて，考えてみよう。

○課題3:「まい」の心の課題と母親の心の課題は，どのような連鎖をつくっていると考えられるか。母親が抱える未解決の課題を軸に考えてみよう。

○課題4:おばあちゃんとの生活のなかのどの体験が，「まい」の心にどのような癒しを与えたと考えられるか。いくつかのポイントとなる個別の体験内容と，それらが積み重なることによって生まれる体験内容とを，分けて考えてみよう。

○課題5:「まい」がおばあちゃんの家を離れる時に引きずっていた「ゲンジさん」を許せない気持ちは，「まい」のなかになお残された課題を示していると思われる。彼は「まい」にとってどのような存在だったのか，ということから，「まい」の残されていた課題は何だったのかを，考えてみよう。また，それは最後にどのような解決のされ方をしたのだろうか。

○課題6:「タマシイノ，カラダカラノダッシュツ，ダイセイコウ」という最後のメッセージは，思春期の「まい」の魂が抱える根源的な不安にまで届いたものと考えられる。そのことを踏まえて，このメッセージに触れた瞬間に「まい」のなかに何が起こったのかを，考えてみよう。

○課題7:この本を読み，ここまでのレポートを書いたあなたのなかに，今，どんな変化が起こったのか，気づいていることを整理してみよう。

○課題8:その他に気づいたことや考えたことがあれば，整理しておこう。

「課題1」は，本人の症状を心の病理として捉えるだけでなく，同時に，発達課題として，いわば立ち直りのための「発達の芽」を見出す方向で症状を理解するために設定した。「課題2」は，本人の課題と家族の課題の相補関連に目を向けるためであり，個人の病理の背景要因に目を向け，より広い視野から対象理解を行なうきっかけを作るための課題である。「課題3」は，世代間連鎖に目を向ける設問である。祖母の目線に立つことで，母親を犯人に仕立てて理解したつもりになる発想の狭さから抜けることができる。「課題4」は，症状除去にこだわらないで課題の本質に迫る「癒し」と「育ち」のあり方を捉える視点

を得るための設問である。「課題5」は，一応の終結期になって，達成された課題と，なお残された課題を考えるためであると同時に，生活の中に登場する人間関係への視点を作るものである。「課題6」は，この時点で残されていた最終課題が越えられたことの象徴となる言葉であり，主人公のなかに起こった変化の焦点を表す言葉の意味を問うものである。中核となる主題はなにかというポイントを押さえ直し，さらに考察を深めるきっかけを作る，いわば「焦点の問い」である。「課題7」と「課題8」との両方で，自己内の逆転移への理解を促す狙いがある。ネガティヴなものであっても，逆転移を言葉にすることによって，対象理解は深められることを知り，対象理解するうえでの自己課題の明確化へと導くことを想定した設問である。

5. まいの思春期課題

　まいの不登校は，まいが自分自身に正直になって自分らしさを取りもどすためのきっかけを作っている。心や身体が表現する問題の行動や病理症状は，心や身体からのメッセージである。表面的には無視し無関心のままにやり過ごそうとしていても，心や身体の奥のほうから，今の生き方に対し，見直しを求めるメッセージが発信される。それが，まいの場合には，不登校として表面化する。

　不登校自体は，心が発信するSOSサインなのだから，学校へ行かせるための方策を講じる以前にすることがある。学校へ行こうとすると不安になったり苦しくなったりするからといって，「大丈夫だよ」と自ら言い聞かせたり，「悪いことばかり考えずに良いことを考えるようにする」前向き思考に考え方を転換させたりすることや，不安に対処するために段階的に不安を克服させる方法などを考える前に，まず自分の心が誰に何を分かってもらいたがっているのかを，理解する努力がなされることが先である。水のなかで溺れている子どもに「大丈夫だよ」と声をかけるだけで済まそうとすることの愚を知らないといけない。

　女の子同士の仲間関係の難しさを，不登校の原因であるかのように，まいはおばあちゃんに語るのだが，それは単なる不登校を始めるきっかけであって真の理由ではない。学校での友人関係や先輩との関係，教師との軋轢などに悩む

心が真に取り組むべき課題は，母子の一体化から離脱して，自分が人生の主体である感覚を取りもどすために能動性を獲得する，という心の作業である。その困難で集中力や内省力を必要とする作業に取り組むために，相手と距離を取る方法を伝授する，不登校を奨励する，家族関係を調整する，などの現実的な対処が必要なこともあるが，それはあくまでも一時しのぎである。

まいが，おばあちゃんと一緒に取り組んだことは，「マイ・サンクチュアリ」の確保と，「魔女修行」である。まいは，自分が安心して自分になれる場所を自分で選んで自分好みに作り直し，「自分のすることは自分で決める」ことと「自分のことは自分でする」という，日常の生活能力の獲得の基本に取り組むことを始める。それが一連の「魔女修行」であり，その修行を支えるものは，おばあちゃんのまいへの深い信頼と理解の眼差しである。自分の日常生活のなかにまいを誘い込み，一緒に楽しげに取り組み，つねにまいを「私の誇りです」と語り，その存在を認める。まいは，そのままの自分で，安心しておばあちゃんの隣にい続けることができる。

これが，まいの心の求めていたものの実体なのだ，と理解することができる。自分が自分のままで必要とされる居場所の確認，ということである。友達との関係で悩んでいたことの解決策ではなく，友達との関係は今の自分には難しいんだ，と語る相手，そして本当に分かって受け止めてくれる人の存在を，実は求めていた。今の自分を育てるための道標となるべき人を，まいはずっと求めていたのだということに，私たちは気づかされていく。

6. 家族再構築のための課題

まいが不登校になることによって，家族全体が変わり始める。はじめは，「難しい子」と，まいを評していたママが，自分の仕事を辞めて，パパと三人で生活することを選択するにいたる。パパも，まいを迎えにおばあちゃんの家へと足を運び，久しぶりにまいに自分を語る。家族が三人とも，自分の家，と呼べるものを，見失っていたことが分かってくる。

不登校になった時の家族のあり方は，お互いの気持ちがバラバラで，別々の場所にいて別々のことを考えていて対話がなく，ママは，自分の都合に合わせ

てまいを操作しようとするが不登校になったまいと向き合おうとはせず，パパは，単身赴任の状態を悩むこともなくママの判断を受け入れて話し合おうとせず，家族が家族として成立しなくなっている。まいの不登校は，家族の課題という視点から見ると，家族再構築を求めた問題提起ということができる。まいの心の奥に押し込められていた，寂しい気持ちが表現された時，ママもパパも本当は心のどこかで抱え続けていた寂しさが，家族を互いに引き寄せる潜在的な原動力になっていったものと，考えられるだろう。

7. 親子三世代に共有される課題

　すべての課題は，相互に連動して絡み合っており，全体としてまとまりをもった心模様を紡ぎ出すという構造をもつものである。まい自身の発達課題と家族の課題，母娘三世代にわたる心の課題の連鎖とは，別々のものではなく一体的に理解されるべきものである。

　おばあちゃんは，遠い異国の地で自分の居場所を作ろうとして，これまでに多くの言うに言われぬほどの困難を乗り越えてきたことであろう。おじいちゃんとともに生きていくために生活の根をおろすことのできる居場所つくりに格闘してきたであろう，おばあちゃんの歴史が中核主題だと見ることで，すべての要素が理解のネットワークのなかに納まってくる。そのおばあちゃんの一人娘で，いわゆるハーフだったママが，山里での生活のなかに居場所が見つけられずに都会に出て，結婚生活を始め，一人娘が生まれる。そこにもまだ，ママの居るべき場所が見つけられない。そのママの娘であるまいのなかにも，自分の身の置き場所が家にも学校にも，友達との関係のなかにも見つけられない，という感覚があったことだろう。ずっと抱え続けて思春期になって表面化した居場所感のなさが，まいの不登校の背後にはある。「友達との関係」という悩みの実態が，この視点で見ると別の意味合いをもって見えてくる。自分の身体と心と，さらに言うならタマシイが安心して居られる場所をもっていない，という感覚が三世代を貫く心の課題である。表面的には仲良しの家族も，本当の意味では居場所になっていない。

　三世代を通して捉えた時に見えてくるこの主題が，心理面接の場では真に取

り組むべき主題になる。まいのなかで自立の欲求と分離の不安との間で揺れる気持ちや，自己アイデンティティ拡散の状態，あるいは，ママの仕事と子育ての間で生きがい感を求めて揺れる思い，また，この友達関係のような家族構造のなかでの母性機能と父性機能のあいまい化と機能不全を起こした状態など，心理面接の切り口はさまざまに見つけることができる。入り口はどこでも良いのだが，本当に取り組むべき中核課題はその背後にあることを，心理面接において私たちは知っておかねばならない。

8. おばあちゃんの魔法

　まいという事例における，癒しと育ちを支える体験の本質は何か。おばあちゃんは，まず，まいの存在自体に肯定的である。重いものを持っただけで，「まいは，力持ちですね」と感心する。「まいは，私の誇りです」と繰り返し言葉にする。これだけのことがまいの存在感を強化することになっていく。さらに，自然との触れ合いは，まいのなかに，心から好きだと感じられるものやこと，自分を取り巻く多くの生命あるものたち，お気に入りの場所，といった自分らしさを確認する対象表象を作り，内在化していく。そうしたものに囲まれて「魔女修行」に取り組むことになる。自分の生活を，自分の意思と自分の手で作り上げていく，という能動性を育てる日々の作業である。それらが，「マイ・サンクチュアリ」という心の置き場所を自らのなかに作るという，心の作業に集約されるように導かれていく。

　このようにしてまいの心を癒し，自己治癒と自己成長の力を拓く道へと導いたおばあちゃんであるが，そのプロセスにおいて，自分自身も居場所作りの最後の作業に取り組んでいたように思われる。そのことは，「タマシイノ，ダッシュツ」という，この後の課題に関連する理解であるので，また後述する。

　「課題5」は，ゲンジさんという，まいにとっては粗野で無神経な男性の否定面を象徴する異質な存在を受け入れる，という残された発達課題を考察することに焦点がある。ゲンジさんは，まいの心の奥にある無意識の「影」である。自分の生まれ育った村のなかにも居場所がなく，今はおばあちゃんの傍らに居場所を見つけて，自分なりのやり方でその場所を，つまりおばあちゃんとおば

あちゃんの愛した銀龍草を，守ろうとしている。まいとのあいだで，深いところでは共鳴する部分が多いのに，まいは異質さに目を奪われて，共通性を認めることを拒み，心を閉ざす。おばあちゃんのお葬式の日にゲンジさんから手渡された銀龍草を見たまいの心が，ゲンジさんの寂しさと優しさという自分との共通部分に開かれたことが，おばあちゃんからのメッセージに気づく目を開くことにもなったように見える。

　「課題6」に示した問いかけは，この作品の理解のための焦点となる設問である。「タマシイノ，ダッシュツ」への解釈が，この作品への理解の深さを問いかけることになる。まず，脱出に成功したおばあちゃんの魂はどこへ還って行ったのだろう，と考えてみたい。そうするとそれは，遠い祖国ではなく，自分自身の居場所となったこの地に，おばあちゃんのタマシイは留まっているように思われてくる。そう考えることが自然である。おじいちゃんとの生活の場であり，ママが巣立った家であり，まいが自分の居場所として作った「マイ・サンクチュアリ」のある場所であるがゆえに，おばあちゃんのタマシイの落ち着く場所は，ここしかない。まいとの生活のなかで，まいが自分の居場所を作り，心に刻み内在化する過程に付き合うことで，おばあちゃん自身も，ここが自分の終の棲家であることを確信していったのではないだろうか。

　一方で，まいの心の変化に触れることになるママも，ここが自分が最後に帰る場所だと，どこかで気づいたかも知れない。人の肉体の生き死にを超えて，自分のなかに確かな実感として居場所を得る。不登校のまいが心の底で求めていたものは，このような，人間にとって普遍的な課題に通じるものであったと言える。

　この人生課題を乗り越え解決する手助けが心理臨床なのではない。この作品のなかでおばあちゃんがしたように，まいの心の課題と，自己の課題とを重ね合わせてともに取り組む存在として，傍らに居続けることが重要なのである。死を身近に感じる年齢のおばあちゃんからすれば，思春期のまいの発達課題と自分の心の課題とは異質であって，理解はできても重ならないように見える。しかし，深く感じようとすれば，人間として共有できるものが見えてくる。クライエントの心に寄り添おうとすれば，本来は，その深さまで理解を掘り下げておくことが必要かと思われる。少なくとも，研鑽の目標として心に留めてお

くことが，大切な心積もりである。

9. 事例理解における初学者の課題

　この事例を理解する時のポイントは，二つに集約できる。その一つは，世代間連鎖を捉える視点である。まいの課題と家族の課題と三世代の課題を重ね合わせた時に，統合されて浮き上がる課題である。二つめは，「タマシイノ，ダッシュツ」に対する理解の仕方である。多様な解釈が可能である一方，理解のネットワークを作ってきた時に，この点におのずから収斂する結論がある。

　この2点に絞ってみると，セラピスト自身のナラティヴで解釈しようとしていたり，視野の狭いままに生硬な単一理論で解釈しようとしたり，セラピストとしての課題が浮き彫りになる。ただ，その理解の仕方の特徴は，課題であると同時に，その人のセラピストとしての持ち味でもあり，あながちマイナスの意味合いばかりではない。

　ここでは，1年目の大学院生のレポート内容を紹介しながら，初学者におけるケース理解の特徴について検討する。実際の臨床経験はまだもっていない，一通りの基礎教育を終えた時点での解釈である。とくに，社会人経験のないものから選んだ。それだけ，臨床現場の苦闘を知らない新鮮な目で，この作品を読むことができる。

　まず，「課題3」の世代間連鎖をどのように見ているかについて，三人のレポートを比較してみよう。

(1) 母は，祖母とはまったく別の生き方をしている。完全な「良い母（妻）」であった祖母に対して，母はそれと同じものを求められている，強いられているように感じるところがあったのではないだろうか。母は祖母の逆を行くことによって，「自分らしさ」を形成したのだと考えられる。母は，その時傍らに捨て去った「良い母（妻）」という価値観に，未だに何かを強いられているような気がしている。
　「まい」は，仕事人間として働く母にとって負担にならないよう，手のかからない「いい子」として生きてきた。母が口にする「扱いにくい子」

という言葉にも敏感に反応し，これまで自分に「いい子であること」を強いてきたことがうかがえる。

　母は「良い母（妻）」という像を捨て去り前に進んだ。「まい」は「いい子である」ということを保つことができなくなった。両者に言えるのは，立派である母に何かを「強いられてきた」ということである。

(2) 「まい」の母親は，自分の母親を部分的にしか見ていない。「おばあちゃんはいつも自信に満ち溢れている」など理想化している。これは，「まい」と同じであると考えられる。また，「おばあちゃんの生き方をおしつけないで」と言って，仕事を大切にしていることから，仕事をしている自分というところに「母親とは違う」というアイデンティティをもっているようである。そうすることによって，母親と自分を比べないようにしている。一方，「まい」も不登校になったとき，「ママは大学まで出たのに，私は中学で座礁しそうになっている」と母親と自分を比べている。

(3) 母親が抱える未解決の問題はおばあちゃんからの心理的な自立であり，母親を超えたい，自分のことを母親に認めてほしい，と願っている。母親はつねに正しくあり，自分が何を言っても相手にされなかったのではないか。悩みがあっても，すぐに解決策を提示してしまい，一緒に悩むというようなことはなかったのかもしれない。母親のことを素敵だ，すごいと思うあまり，それとは異なる自分に劣等感を感じて，つねに批判されるのではないかと思い，甘えられずにいる。まいも同じように母親のことを思っており，母親の側はまいにとって居場所ではなく，がんばる場所であったのではないか。

　一人目のレポート (1) では，無理解な母親の強制や抑圧に対する反抗としての反動形成という思春期課題を見ている。(2) のレポートは，部分対象化による理想化された母親からの離脱の主題を，アイデンティティ形成の視点で整理しようとしている。(3) も，ほぼ同じような見方をしているが，さらに居場所のないことにも着目している。共通して言えることは，おばあちゃんの心の

課題に対する視点がもてていないこと，また，間違ってはいないが思春期課題への理解が一面的で類型的であることなどが，指摘できる．つまり，まいが抱いた悩みの中核は小集団のなかでの不適応感にあり，それが母子間の葛藤にどう絡んでくるのか，という重要な視点が抜けており，理解の輪のなかに大きなミッシングピースができる形で終わっている．

　同じ三人が，「課題6」の「タマシイノ，ダッシュツ」をどのように捉えたか，という点と併せて検討しておきたい．

(4) 自分の「本質」，つまり「自分らしさ」は，どんな時も，どんな場所でも，揺るがずにそこにある．だから「まい」はどこにでも行ける，というメッセージであると考えた．思春期を迎え，「自分らしさ」を見失った「まい」は，自分がないゆえに何にもなれなかった．祖母との生活やさまざまな出来事を通して，「まい」は自分で決めることを心がけた．今，「まい」の芯には「自分」がある．それゆえに「まい」は何にでもなれるし，何になっても「まい」でいられるのだと思う．

(5) 「まい」は「死んだらどうなるのか」という問いの父親の答え（「死んだらそれまで」）に，泣きそうなほどの不安を感じていた．これは，自分という存在が消えてなくなってしまうこと，つまり，自分の存在の否定への不安ではないかと思われる．一方，おばあちゃんの答えである「魂がぬけて旅を続ける」という答えは，「まい」が不安に感じている，消えてなくなってしまうことへの否定であり，自分の存在が肯定されるものであった．それが，おばあちゃんのメッセージによって証明されたため，不安が軽減された．また，おばあちゃんは死んでも，おばあちゃんからもらった知識や思い出は消えることがないということが分かった．

(6) まいは，おばあちゃんと別れたときに「おばあちゃん，大好き」と言えなかったことをずっと後悔していた．最後に気まずく別れたことでおばあちゃんを傷つけていたのではないかと心配していた．しかし，まいのためにメッセージが書いてあったことによって，おばあちゃんのまいへの

愛情はまいが考えていたものよりずっと大きく，永遠であることを知る。こうして人の想い，魂というものは残って，生きている人の中でずっと生きていくものなのだと実感した。

　まいの抱えた不安は，ある意味で思春期特有の自己の存在感が脅かされる不安である。(4) と (5) のレポートは，その点に触れる内容になっている。(6) にもその視点はあるが，主題は，言えなかったおばあちゃんへの言葉が言える，という実感を得たことの方に置かれている。この設問に関する限りにおいて，どちらも理解の仕方は的確であるが，他の設問との関連性が充分に整理されないでいるところに，課題を残している。たとえば，先の世代間連鎖の課題への理解との間に関連性が見えにくいし，ここに最重要のポイントがあるという把握が生まれていない。簡単に言えば，多角で理解し，理解のネットワークのなかで浮き彫りになる課題を絞り込む，というアセスメントの作業において，全体が統合されることなく断片化されたままで分かったつもりになる，ということが生じているものと言ってよい。

　ただ，初学者にとって，こうした課題が残るのは悪いことではない。むしろ，この三人のレポートを読む限り，それなりに基礎理論は学びとっているし，事例にあたってその理論から読み解くことを卒なくこなしていると，評価してよい。大事なことは，その段階に満足することなく，より深い理解へと進むために，今の自分の心理臨床家としての課題を，明確に自覚できるかどうかという点にある。それは，唯一の正解ということではなく多くの回答のなかの一つとして，先述のような解釈モデルを示し，そのモデルと自分の理解との照合を行なうことによって可能となるものである。そこに，自己課題が浮かび上がってくる。自己課題に向き合う勇気が，むしろ専門性を磨くための不可欠な資質なのである。

10. 対象理解の目を磨く

　小説を事例として捉えて，そのなかに流れるナラティヴを読み解く試みは，一見すると知的な作業に見える。しかし，実際に試みると，情動を引き出され，

感情を動かされ，自己内の葛藤と向き合いつつ必死になって距離をとりながら，その体験内容を言葉にして紡ぎだそうとする，言うなればパトスとロゴスのぶつかり合いと融合の体験である。

　先述したワンセッションカンファレンスの試みの時にも，同じような内的体験があり，入り口は違っていてもカンファレンスが深まれば行き着く先は共通であることを実感させられる。そこには，一般的な正解，つまり共通解があるわけではなく，セラピストは，否が応でも生身の自分を投入し，自己課題と向き合いつつ，クライエントと共有できる体験の中から，クライエントと共有できる言葉を紡ぎ出そうとする。寄り添う姿勢と，心の課題を絞り込む作業が，バランスよく進行する時に，より深いレベルでクライエントと共有できる形の理解が生まれる。

　そのために，クライエントを理解することに集中し，能動的に関与するという姿勢が，心理臨床の場に臨む時には必要とされる。事例検討についても同様であり，事例検討に深く関与すると，心の奥からの反応が生まれてくる。『西の魔女が死んだ』を素材に合宿して事例検討をした後，大学院後期課程の学生が，次のようなまとめを追加レポートとして寄せてくれた。

　　合宿を終えてから興味深い夢を見た。
　「私はある病院に勤めていた。看護師の方に案内され，拘束衣をまとって寝ている小さな女の子と出会う。安らかに寝ているその女児は目を覚まし，恨めしそうに何かを訴えていた。なぜか河合隼雄先生が後ろの扉から出てきて，「ほれ」といいながら少女の前に私を連れていく。少女は「死にたい」のだと訴え，私にすがる。私はすごく重いその言葉に圧倒され，苦笑いにも似た表情しかできず，ただ茫然と立ちすくす。少女は河合先生にも同じように訴える。河合先生は，何とも言えない哀しそうな表情で，少女を見つめていた。涙を流さんばかりに顔をくしゃくしゃにして，その場に坐り少女に相対していると，その少女は打ち解けたように何かを話し始めた」。

　　この夢の後で考えたことは，「生きる」ってすごく大変なことで，そのつらい感覚を同じように感じようとするセラピストの姿勢によってこそ，居

場所は生まれるのだろうと感じた。「生身の自分のままで向き合う」という姿勢が、とても大事な気がしている。

　事例検討と事例研究は一体的なものであり、心理臨床を志すものにとって自己研鑽に欠かせない方法論である。また、心理臨床研究が科学として社会的に認められ続けるうえでは、生命線とも言える。質のよい事例研究は、深くて的確な対象理解の目から生まれるものであるが、そこに向かおうとする事例検討を通して、検討会参加者のなかにも内的な変化を生むことになる。ただそれは、クライエントを対象化した知的な作業だけでは成立しない。上記のレポートにあるように、情緒的に巻き込まれ一体化しながらもなお、一体化した自分自身を対象化して、自己内の体験を言葉にしていくという作業が必要となる。

　上記のレポートは、仲間の提供した事例の検討に参加したことによって生じた内的変化が主題である。この彼の体験内容の凄さは、心のなかにセラピスト元型としての河合隼雄イメージをもっていることが、生き生きと描写されている点である。セラピストとして、この時の自己課題が鮮明に示されている。自己課題がイメージとして確認され、言葉にされたことにより、彼自身の成長物語となったため、程なくして、この夢のなかの河合隼雄は、彼自身と同化していくことだろう。自己の内なるイメージが、心の育ちを導いてくれる。

文　献

村瀬嘉代子　2002　心理療法の基礎となるもの　精神療法, **28**(4), 63-64.
梨木香歩　1994　西の魔女が死んだ　楡出版
梨木香歩　1996　裏庭　理論社
梨木香歩　2005　沼地のある森を抜けて　新潮社

終　章

次の時代への物語

1. 物語ることの物語

　第5章でも紹介した，ファンタジー文学の大御所となったル=グウィン（Le Guin, U. K.）が，アースシーの物語（邦題では『ゲド戦記』）を書き上げた後に取り組んだ作品に，『西の果ての年代記』全3巻（2004, 2006, 2007）と『ラウィーニア』（2008）がある。前者は，1928年生まれの作家がファンタジーを駆使して，物語ることの意味を物語の形にして，また後者は，物語のもつ永遠の命についての物語を，世に問いかけたものである。その物語たちの根底に流れる主題は，人の心は物語なしには生きられない，ということのように思う。それは，視点を変えれば，自分が今ここに実体をもった存在として生きていることの意味を確かめようとする，人間の心の本性に深くかかわるものであると言える。

　心理臨床の場で，クライエントが共通して，心の奥で，持ち込まれた主訴の内容にかかわりなく問いかけていることは，自己存在の意味である。「自分はこのまま生きていて良いのか」「自分が生まれてきた理由は何か」「自分自身を生きるということはどういうことなのか」という，個別にして普遍的な課題である。それに対する最も単純な答えは，「生き切ってみなくては分からない」というものであろう。少なくとも，セラピストとして取るべきスタンスはそこにある。「私にも分かりませんから，しばらくは一緒に生きてみませんか」と問いかける立場である。

　では，どちらを向いてどのように生きるのか，その指針となって，自己の統合性や同一性を確保する中核を作るものが，おそらく物語なのである。その物

語が，ある種の人生の真理を含んで語られた時に，それは語り継がれて永遠性をもつことになる。ル゠グウィンが，80歳を前にして『ラウィーニア』を書いたわけが，分かるような気がする。という理解もまた，私自身の心の物語なのであるが。

2. シンプルに生きる

　ところで，私が一連の講義の締めくくりとして学生たちに紹介する絵本がある。シェル・シルヴァスタイン（Silverstein, 1976/ 邦訳, 1983）の『The missing piece meets the big O』という世界的に話題となった作品である。『ビッグ・オーとの出会い』と訳されている。同じ作家（1976/ 邦訳, 1977）の『The missing piece』の続編である。こちらの邦題は『ぼくを探しに』というものである。きわめてシンプルな絵とストーリィであるが，それだけにイメージとして明確なまま内在化され，心に刻まれるようにして残り続ける。
　主人公は，縦長の二等辺三角形を寝かせたような「missing piece カケラ」である。一人ぼっちのカケラは，自分の片割れを探している。はじめに，四角い形の片割れと一緒になるが，ぴったり合っても身動きが取れない。丸い形の多くの片割れたちに出会うが，大きすぎたり小さすぎたり，壊れやすかったり，欠けている所が多すぎたりして，なかなかうまくいかない。花を飾って目立とうとすると，花だけを持っていかれる。ネオンサインで飾ると怖れられて敬遠される。さまざまに苦労した甲斐あってようやく，ぴったりの相手を見つける。しばらくは楽しい時期が続くのだが，ある時，自分が大きくなって噛み合わなくなっていることに気づく。また一人ぼっちになったカケラの前に，ビッグ・オーが現れる。ビッグ・オーには欠けた箇所がない。「君も自分で転がったらいい」と，ビッグ・オーは言う。躊躇うカケラに「やってみないと分からないだろ」と言って，ビッグ・オーは去っていく。カケラは，思い切って最初の一回転を試みる。始めは大変そうだったが，転がり始めると次第に角が丸くなっていき，いつの間にか小さな丸になっている。「O オー」と同じ形になったカケラは，ビッグ・オーと並んで転がって，画面の外へと去っていく。
　言葉で説明するよりも，この物語は，絵で見るほうが説得力をもつ。「大人に

なる第一歩は，自分で転がってみることだよ」と，言葉で言うよりも，この絵本を一緒に見るほうが心に響く。「私もスモール・オーになります」と，感想を書いてくる学生も多くいる。心に刻んでおく物語は，シンプルなものほど影響力が大きいのかもしれない。

3. 絆をテーマに物語を紡ぐ

東日本大震災から1年が経った今，新しい心の物語を，私たちの心は求めている。主要なテーマは，「絆」である。さまざまな意味で，これまでの社会が切り捨ててきたものである。ピンチのなかにチャンスを見出す目は，ユーモアの精神から生まれる。ユーモアは，人間性 humanity の発露である。それを生みだす土壌は，人と人との温かな交流と，多くの笑顔，そして子どもたちの笑い声である。それらが，被災地の人たちの大きな力になっていることを目の当たりにして，私たちは，人として生きるために本当に大事なものを改めて知ることになった。

私たち自身が，今，生きているこの場所にいても，苦難のなかで頑張る人たちの笑顔の美しさに心を動かされる。そうして，それを教えてくれた人たちへの感謝とともに，本当に大切なものを守ろうと心に問いかけることが，真の震災支援の基盤である。一緒に生きていける幸せが感じられるような，日本と地球を守りたい，との思いを共有することである。これは，誰にでもできる。心の物語を書き換えていく限り，人は変わり続けることができる。

ここに紹介した物語たちの後ろには，広く心理臨床の場で私のかかわってきた，大学生や大学院生を含む多くの子どもたちや若者たちの心が生きている。不登校の子も非行の子も，自閉症の子も重度心身障害の子も知的障害の子もいる。この本で取り組んだ物語たちは，すべて私のなかでは，書物に書かれた物語ではなく，その子らの生きている人生の物語である。心理臨床の場での長いようで短い時間のなかでの出会いであったが，ともに過ごすことのできた幸せを感じている。ここに改めて感謝したい。また，その子どもたちのよき理解者である親御さんたち，学校や保育所や施設で，子どもたちを支えている先生た

ち，多くの事例を共有しつつともに学び続ける研究会の仲間たちと，この本の出版を後押ししていただいたナカニシヤ出版の宍倉編集長に，改めて感謝の言葉を述べて筆をおく。

　みなさま，どうもありがとうございます。

文　献

ル＝グウィン, U. K.　谷垣暁美（訳）　2006　ギフト―西の果ての年代記Ⅰ―　河出書房新社（Le Guin, U. K.　2004　*The chronicles of the western shore "Gifts."* Milford, PE: Ursula K. Le Guin c/o Virginia Kidd Agency.）

ル＝グウィン, U. K.　谷垣暁美（訳）　2007　ヴォイス―西の果ての年代記Ⅱ―　河出書房新社（Le Guin, U. K.　2006　*The chronicles of the western shore "Voices."* Milford, PE: Ursula K. Le Guin c/o Virginia Kidd Agency.）

ル＝グウィン, U. K.　谷垣暁美（訳）　2008　パワー―西の果ての年代記Ⅲ―　河出書房新社（Le Guin, U. K.　2007　*The chronicles of the western shore "Powers."* Milford, PE: Ursula K. Le Guin c/o Virginia Kidd Agency.）

ル＝グウィン, U. K.　谷垣暁美（訳）　2009　ラウィーニア　河出書房新社（Le Guin, U. K.　2008　*Lavinia.* Milford, PE: Ursula K. Le Guin c/o Virginia Kidd Agency.）

シルヴァスタイン, S.　倉橋由美子（訳）　1977　ぼくを探しに　講談社（Silverstein, S.　1976　*The missing piece.* New York: Harper Collins.）

シルヴァスタイン, S.　倉橋由美子（訳）　1983　ビッグ・オーとの出会い　講談社（Silverstein, S.　1976　*The missing piece meets the big O.* New York: Harper Collins.）

初出一覧

　以下の各章の元論文は，それぞれ下記の通りである。すべての論文は，この本の主題にあわせて加筆修正した。とくに，第2章・第4章・第6章については，ほぼ内容を全面的に見直し，かなり大幅な修正を行なった。

第1章
後藤秀爾　2012　時代の病理とその変遷過程―子ども・家族・学校・社会―　愛知淑徳大学論集―心理学部篇―, 2, pp.1-15.

第2章
後藤秀爾　2003　現代社会と思春期モーニング―『千と千尋の神隠し』への分析心理学的考察―　愛知学泉大学コミュニティ政策学部紀要, 6, pp.63-82.

第3章
後藤秀爾　2011　『ハリー・ポッター』とトラウマの時代―心の傷の癒され方―　愛知淑徳大学論集―心理学部篇―, 創刊号, pp.11-19.

第4章
後藤秀爾　2006　児童虐待加害親の心理―初期介入と予防のための理解に向けて―　愛知淑徳大学論集―コミュニケーション学部篇―, 6, pp.19-33.

第5章
後藤秀爾　2008　宮崎吾朗の『ゲド戦記』における時代性―原作者の求めた普遍性との対比から―　愛知淑徳大学論集―コミュニケーション学部・コミュニケーション研究科篇―, 8, pp.23-38.

第6章
後藤秀爾・川島一晃・丸山笑里佳・清瀧裕子・福元理英・浜本真規子・須田恵理子・宮地志保・松井宏樹・河合裕子・大矢義実・木村奈央・大崎園生　2010　事例報告として読む『西の魔女が死んだ』―心理臨床研鑽のための活かし方―　心理臨床―名古屋大学発達心理精神科学教育研究センター心理発達相談室紀要―, 25, pp.11-20.

事項索引

あ
愛することと働くこと 53
青い鳥症候群 21
赤ちゃん部屋のおばけ（ghosts in nursery） 81
『アースシーの風』 119
アタッチメント（愛着）障害 28
頭にくる 23
アニマ 39
アニムス 39
アパシー・シンドローム 24
イクメン 96
意識された自己 59
いじめ 17
1.57のショック 23
いのちの原理 49
癒しと育ちを支える体験 138
インナー・チャイルド
　――の傷つき 24
　――を癒す 24
　傷ついた―― 85
ウェンディ・ジレンマ 22
内なる異性 39
『裏庭』 129
永遠の子ども 14
ADHD 17
エヴィデンス 6
　――・ベースト・メディスン 6
エディプス葛藤 89
欧米型の成長モデル 61
『おかあさんになるってどんなこと』 94
お金の原理 49

落ちこぼれ 19
大人になる戸惑い 41
大人になれない自分 38
大人の社会 41
『おまえうまそうだな』 97
親 - 乳幼児心理治療 81
親への幻滅 41

か
解離性障害 64
カウチ・ポテト族 22
『帰ってきたおとうさんはウルトラマン』 97
隠されたナラティヴ 41
学習障害（LD） 18
かぐや姫症候群 22
影（シャドー） 39
『影との戦い』 112
『風の谷のナウシカ』 37
家族再構築を求めた問題提起 137
家族団らんイメージの提供 28
学級崩壊 17
学校裏サイト 18
学校と家庭とのよりよき協働 31
家庭内暴力 17
関係性モデル 2
関係療法 3
感情転移 86
管理教育 17
『帰還：ゲド戦記最後の書』 117
「きく」 5
疑似家族 89
虐待

——サバイバー　84
　　——の世代間連鎖　24
　　——の発生機序　75
　　——発生の4条件　75
　子ども——　15
　施設内——　74
　児童——　24
　身体的——　77
　心理的——　61, 77
　性的——　77
逆転移　87
CAPNA　77
9.11同時多発テロ　15
共依存　91
境界型パーソナリティ障害　12
共感　5
　　——性疲労　31
　教師のうつ病　25
　教師の性犯罪　25
　教師の不登校　25
　キレる　23
good enough なお母さん　93
『クラバート』　52
『紅の豚』　37
軽度発達障害　18
『ゲド戦記』　15, 52
　　——Wiki　102
元型（アーキタイプ）　38
現実の乳児（real baby）　85
現実の両親像　68
幻想の乳児（fantasmatic baby）　85
現代人の心の課題　11
コインロッカーベイビー　79
高機能自閉症　18
合計特殊出生率　23
行動化　6
行動療法　3
校内暴力　16
　　——の時代　17
広汎性発達障害　27

コーディネーター　32
コーディネート　32
　　——機能　33
心のうちに潜む悪　39
心の傷　15
心の中の光と影　71
心の病理の変遷過程　16
子育てコミュニティの欠落　94
子育て支援　94
固定化された父親役割　97
言葉以前のことば　8
言葉になり切らないメッセージ　18
子どもから大人になる道筋　14
子ども時代の回復　81
子ども時代の喪失　41
子どもの虐待防止ネットワーク・愛知　77
個別にして普遍的な課題　147
『壊れた腕環』　114

さ
最後の野生インディアン　121
『さいはての島へ』　115
寒い日のヤマアラシのジレンマ　13
三無主義　19
自我防衛の機能　62
自我理想　14, 61
自己アイデンティティ拡散　138
自己愛の世界　59
自己実現　53
　　——と子育ての原理　49
　女性の——　113
思春期　41
　　——の内的対象喪失　38
　　——の発達課題　133
　　——モーニング　14, 38
地震・雷・火事・中学生　20
失感情・失身体感覚　54
児童自立支援施設　73
児童養護施設　73

死と再生の時　69
『死ぬ瞬間』　42
自分自身の物語　8
使命の継承　115
社会的な行動のモデル　51
15歳の春　19
『シュナの旅』　107
主夫　96
情緒障害児短期治療施設　73
小妖精　39
初心のセラピスト　133
白雪姫コンプレックス　24
事例検討と事例研究　128
事例報告　127
心身障害児　2
新人類　22
人生の普遍的な真理　103
身体症状化　6
「身体」と「言葉」　3
シンデレラ・コンプレックス　22
真の結婚　118
心理カウンセリング　1
心理的虐待　61, 77
心理面接　1
スーパーヴィジョン　33
スキゾ・キッズ　22
スクールカウンセラー活用事業　24
スクールカウンセラー制度　17
スクールカウンセラーに必要な資質　33
スチューデントアパシー　20
捨て子妄想　63
精神分析　3
精神療法・心理療法の基礎訓練　128
青年期の心の課題　12
世界三大ファンタジィ　101
世代間伝達　84
摂食障害　22, 24
セラピストの自己課題　133
セルフ　39
前エディプス葛藤　52
前思春期の子ども　14
全体対象化　43
『千と千尋の神隠し』　13, 37
草食系男子　12
想像の乳児（imaginary baby）　85
早期関係性障害　28
育ち方を教える　31

た
大学紛争　19
太母（グレート・マザー）　39
代理受傷　31
脱幻想の痛み　68
脱理想化　69
団塊の世代　19
断片化　8
父親殺しの罪障感　108
父の声　51
父の娘　129
チャイルド・アビューズ（child abuse）　76
注意欠陥・多動性障害（注意欠如・多動性障害）　17
調和，均衡，美しさ（harmony, balance, beauty）　122
『ちょっとだけ』　95
DV（配偶者間暴力）の目撃　77
ティラノサウルス　96
『天空の城ラピュタ』　37
Doing　5
ドゥーラ効果　92
『東京ラブ・ストーリー』　12
統合的心理援助　3
東大紛争　16
同胞葛藤　15, 59
特別支援教育　18
　通常学級における──　26
『となりのトトロ』　37
トラウマケアのストーリィ　15

トリックスター　39

な
内的対象の喪失　41
「治る」ということ　8
ナバホの神話　122
悩みを抱える力　71
ナラティヴ　6
　　──・セラピー　6
なりうる自分　8
なりたい自分　8
『西の果ての年代記』　147
『西の魔女が死んだ』　15, 129
日本映画製作者連盟　101
ニュートラルなスタンス　33
『沼地のある森を抜けて』　129
ネグレクト（育児放棄）　25, 77
ネットいじめ　26
能動性の獲得　54

は
発達障害の子ども　27
発達の芽　18, 38
発達モデル　2
『花より男子』　22
場の構造化　28
母親的なものからの離脱　51
母親役割　97
母となる心の物語　94
母となる道筋　94
母の息子　129
『パパはウルトラセブン　みんなのおうち／Home Sweet Home』　97
腹が立つ　23
ハリー・ポッター　13, 58
　　『──と賢者の石』　57
反抗挑戦性障害　28
Being　5
ピーターパン症候群　22
ピーターパンとウェンディ　12
ピーターパン物語　14
『ビッグ・オーとの出会い』　148
PTSD（心的トラウマの後遺障害）　15
東日本大震災　18
引きこもり　24
被虐待体験　75
被剥奪体験　75
ファミリーロマンス　63
複数の自己　64
父性原理　39
父性の介入　51
父性の眼差し　96
不適切な子育て　76
不登校のメカニズム（心理機制）　133
部分対象化　43
普遍的無意識　38
フリースクール　21
分析心理学　3
分離 - 個体化　91
『ぼくを探しに』　148
母子間のアタッチメント　25
ホジョーゴ（あるいはホッジョー）　121
母性愛神話　81
　　──からの開放　81
母性のアンビバレンス　82
母性の供給　28
母性の二面性　50
母性の眼差し　96
ほどよく適度に　93

ま
真の名前　52
守られる者から守る者へ　117
慢性硬膜下血腫　83
曼荼羅　39
見えない発達障害　18
密室の育児　81
見果てぬ夢　14
ムカツク　23
メチルフェニデート　18

メディスンマン　121
もう一つの自己　59
モーニングワーク（喪の作業）　38, 41
　　──のプロセス　41
物語の生成　8
『もののけ姫』　37
もらいっ子妄想　63
モラトリアム人間　21
モンスター・ペアレント　25
問題の行動　2

や

役割としての「母親」　91
『指輪物語』　56
横の連携と縦の接続　27
寄り添う気持ちと俯瞰する眼差し　129

ら

来談者中心療法　3
『ラウィーニア』　147
離人性障害　111
リスト・カット　24
理想化されていた両親　68
リタリン　18
両親の協働関係　97
臨床心理士資格認定協会　6
老賢人（オールド・ワイズ・マン）　39
ロスト・ジェネレーション　24
『ロング・バケーション』　13

わ

『ONE PIECE』（ワン・ピース）　14

人名索引

あ
内田麟太郎　95
エリクソン（Erikson, E. H.）　55
大塚義孝　6
大日向雅美　81
尾田栄一郎　14

か
カイリー（Kiley, D.）　22
河合隼雄　4
神田橋條治　3
キューブラー・ロス（Kübler-Ross, E.）　42
ケンペ（Kempe, C. H.）　75
ケンペ（Kempe, R. S.）　75

さ
柴門ふみ　12
清水真砂子　104
シルヴァスタイン（Silverstein, S.）　148
鈴木永子　95
スティール（Steele, B. F.）　75
ゾルブロッド（Zolbrod, P. G.）　122

た
ダウリング（Dowling, C.）　22
瀧村有子　95
竹内敏晴　23
鶴見俊輔　121
トールキン（Tolkien, J. R. R.）　56

な
長崎俊一　129
中村悦子　95
梨木果歩　15, 129
成瀬悟策　3
ぬくみちほ　122

は
パーカー（Parker, R.）　82
橋本やよい　82
フライバーグ（Fraiberg, S.）　81
プロイスラー（Preußler, O.）　52
フロイト（Freud, S.）　38

ま
宮崎吾朗　101
宮崎駿　13, 37
宮西達也　96, 97
村瀬嘉代子　3

や
ユング（Jung, C. G.）　38

ら
ル＝グィン（Le Guin, U. K.）　15
レボビシ（Lebovici, S.）　85
ローリング（Rowling, J. K.）　15, 57

わ
渡辺久子　81

【著者紹介】
後藤秀爾（ごとう・しゅうじ）
愛知淑徳大学心理学部教授
主著に，『統合保育の展開―障害の子と育ちあう―』（編著，コレール社，2001），『心の臨床・その実践―かかわることの原点から―』（共編著，ナカニシヤ出版，1999）など。

心の物語と現代の課題
心理臨床における対象理解
2012年8月20日　初版第1刷発行　（定価はカヴァーに表示してあります）

　　　　　　　著　者　後藤秀爾
　　　　　　　発行者　中西健夫
　　　　　　　発行所　株式会社ナカニシヤ出版
　　　〒606-8161　京都市左京区一乗寺木ノ本町15番地
　　　　　　　　　　Telephone　075-723-0111
　　　　　　　　　　Facsimile　075-723-0095
　　　　　　　Website　http://www.nakanishiya.co.jp/
　　　　　　　E-mail　iihon-ippai@nakanishiya.co.jp
　　　　　　　　　　郵便振替　01030-0-13128

装幀＝白沢　正／印刷・製本＝亜細亜印刷
Copyright © 2012 by S. Goto
Printed in Japan.
日本音楽著作権協会（出）許諾第1208891-201号
ISBN978-4-7795-0680-2

本書のコピー，スキャン，デジタル化等の無断複製は著作権法上での例外を除き禁じられています。本書を代行業者等の第三者に依頼してスキャンやデジタル化することはたとえ個人や家庭内の利用であっても著作権法上認められておりません。

昔話ケース・カンファレンス
発達と臨床のアプローチ

大野木裕明・千野美和子・
赤澤淳子・後藤智子・廣澤愛子 著

昔話を1つのケースとして、模擬カウンセリング演習やロールプレイング演習をやってみよう！臨床、発達、カウンセリング、社会心理学など幅広い視点から、人間の発達や対人関係でみられる事柄について楽しく学ぶ。

A5判 138頁 1600円＋税

心理臨床、現場入門
初心者から半歩だけ先の風景

髙橋紀子・吉岡和子 編

社会人1年生。初めてなのに専門家。ケースは待ってくれない。この不安と緊張を先輩たちはどう乗り越えていったのか。教育・医療・福祉・司法・産業、これらの現場に一人で入っていった新米臨床心理士たちの奮闘記。

A5判 208頁 2100円＋税

臨床心理学ことはじめ

花園大学社会福祉学部臨床心理学科 編

大学入学前から始める楽しい臨床心理学入門。心理療法、非行・学校臨床はもちろん、脳科学や小児科学まで、臨床心理学って実はとっても幅広くて、奥深い！　実際に大学で学ぶことがらを本書で先取りして、大学生活を一歩リードしよう！

B5判 160頁 2000円＋税

臨床心理アセスメントの基礎

沼　初枝 著

心理臨床の現場で働くことを目指す初学者のために、面接や心理検査、知能検査、質問紙など臨床心理の基本的なことをわかりやすく解説。理解を助ける図や表、資料も多数掲載。

A5判 196頁 2100円＋税

これからの心理臨床
基礎心理学と統合・折衷的心理療法のコラボレーション

杉山　崇・前田泰宏・坂本真士 編

援助のあり方の有効性を客観的に検証できる"科学者"としての姿勢と、援助に役立つものを積極的に取り入れる柔軟な"実践家"としての姿勢を培うための、心理臨床の基礎学と統合・折衷的心理療法を解説する。

A5判 240頁 2500円＋税

発達と臨床の心理学

渡辺弥生・榎本淳子 編

発達段階ごとに特徴的なケースをまず事例として配置し、自分ならどう対応するか考えさせ、発達的課題と臨床的かかわりをからめながら、心理的な問題を抱えている人たちを支援するために必要な知識を実践的に解説する。

A5判 194頁 2000円＋税